中国民办教育发展报告 2018

周海涛 钟秉林 等 著

科学出版社

北京

内 容 简 介

　　2018 年是民办教育改革发展的关键一年。全国教育大会召开，积极鼓励社会力量依法兴办教育。国家支持和规范民办教育发展，各地相继出台相应举措，民办学校持续完善内部治理体系，形成各方全面发力、纵深推进、强化内涵、提升水平的生动局面。中国民办教育发展报告连续多年系统反映全国民办教育事业改革与发展，2018 年度报告聚焦我国民办学校师生发展面临的热点、难点问题，集中探讨民办学校师生发展水平及优化路径。报告内容包括中国民办教育发展年度报告、民办学校师生能力发展报告、民办学校师生发展感受报告三个部分。

　　本书努力为深化民办教育研究、服务各级政府教育决策、推动我国民办教育持续健康发展提供学术支撑和政策决策参考。

图书在版编目（CIP）数据

中国民办教育发展报告. 2018 / 周海涛等著. —北京：科学出版社，2019.10
ISBN 978-7-03-062541-0

Ⅰ. ①中… Ⅱ. ①周… Ⅲ. ①社会办学-研究报告-中国-2018 Ⅳ. ①G522.74

中国版本图书馆 CIP 数据核字（2019）第 221994 号

责任编辑：孙文影 / 责任校对：何艳萍
责任印制：李　彤 / 封面设计：润一文化
编辑部电话：010-64033934
E-mail: edu_psy@mail.sciencep.com

科 学 出 版 社 出版
北京东黄城根北街16号
邮政编码：100717
http://www.sciencep.com
北京建宏印刷有限公司 印刷
科学出版社发行　各地新华书店经销

*

2019 年 10 月第　一　版　　开本：787×1092　1/16
2019 年 10 月第一次印刷　　印张：11
字数：230 000
定价：89.00 元
（如有印装质量问题，我社负责调换）

课 题 组

组　长　　周海涛　　钟秉林

成　员　　郑淑超　　张墨涵　　廖苑伶　　朱玉成

　　　　　　吴丽朦　　王　倩　　景安磊　　刘永林

　　　　　　闫丽雯　　胡万山　　徐　珊

前　言

2018年是民办教育改革的关键一年。国家不断加大对民办教育的支持，发布《中华人民共和国民办教育促进法实施条例（修订草案）（送审稿）》，平稳有序推进民办教育分类管理改革，鼓励社会力量兴办教育，进一步促进民办教育健康发展。《国务院办公厅关于进一步调整优化结构提高教育经费使用效益的意见》明确提出，积极扩大社会投入，逐步提高教育经费总投入中社会投入所占比重。《民办教育工作部际联席会议2019年工作要点》重申，要切实保障民办学校教职工学生的合法权益。民办教育改革进入内涵提升期，民办学校正致力于持续改善教师教学科研生态、重视优化学生学习就业环境、逐渐加强师生能力建设、不断提升师生获得感，提供特色化的优质教育。

基于此，《中国民办教育发展报告2018》主要着眼于我国民办教育发展总体状况，尤其是教师和学生的发展情况。课题组收集了涵盖全国31个省（自治区、直辖市，不含港澳台地区）的民办教育基础数据；同时，分阶段建立了民办教育数据库，为政策决策提供数据支持。课题组自2014年开始，从民办高校师生数据库建立入手，连续4年采集上海、重庆、广东、浙江、山西、甘肃、湖北和宁夏等十余省（自治区、直辖市）的近百所民办学校师生发展数据，分批完善民办教育数据结构。2018年，课题组进一步拓展数据库，所调查省份扩大到14个；所采集民办学校增加到318所；师生样本量不断加大，教师有效样本数为13 033人，学生有效样本数为167 415人。

本报告分为三个部分。

第一部分是"中国民办教育年度发展总报告"。总报告全面统计和量化分析已采集的2018年民办学校师生发展数据，从宏观上研判我国民办学校师生发展基本状况。内容包括研究技术报告、民办学校教师发展报告、民办学校学生发展报告。本书研究通过预测试和项目分析来编制符合统计学标准的测量工具，采用问卷调查和访谈相结合的方式收集量化数据和访谈资料。报告分析侧重群体发展的差异性比较，主要采用均值比较法，以图表相结合的方式直观呈现结果，同时重视各量之间的差异显著性检验。

第二部分是"民办学校师生能力发展报告"。内容包括民办学校教师能力发展报告和民办学校学生能力发展报告，集中从教师的网络媒介素养、职场活力和学生的网络媒介素养、学习能力等方面，分别分析民办高校和民办中小学师生的能力发展状况。经过改革开放40年来的发展，民办学校已进入改革创新攻坚期、健康规范发展期和质量内涵提升期，应适时转变发展重心，将关注点和资源集中到内部治理改革、培养模式创新、教育质量提升上，加快健全师生发展体系，持续拓宽能力发展渠道，极大提升师生能力发展水平。

第三部分是"民办学校师生发展感受报告"。民办学校师生发展感受报告包括民办学校教师队伍建设和教学效能感报告、民办学校学生获得感报告，集中从教师队伍建设、教学效能感和学生获得感三个方面，分析民办高校和民办中小学师生发展感受状况。在民办教育法规政策日益完善的形势下，民办教育法律地位得以提高、社会地位逐步提升、办学行为持续规范、可持续健康发展加快推进，民办学校要全面加强教师队伍建设，不断提高学生权益保障水平，更加重视和进一步提高教师教学效能感和学生获得感。

各部分内容要点如下。

一、民办教育总体发展概况

（一）民办学校教师发展概况

民办高校教师发展基本状况分4个指标进行测量，分别是网络媒介素养、职场活力、教师队伍建设和教学效能感。样本中教师的教学效能感得分均值为4.054，在各指标中均值最高；网络媒介素养均值为3.956；职场活力均值为3.742；教师队伍建设均值最低，为3.413。总体上，全国民办高校教师发展状况良好，教师的教学效能感、网络媒介素养均值较高，情况较好；但网络信息评价能力、职场身体力量、学生投入效能感等方面亟待加强，尤其是教师其他保障等方面还有提升空间。

民办中小学教师发展基本状况分3个指标进行测量，分别是教师队伍建设、网络媒介素养和职场活力。样本中教师的网络媒介素养得分均值为3.988，在各指标中均值最高；职场活力的均值为3.802；教师队伍建设最低，均值为3.481。总体上，全国民办中小学教师发展状况良好，教师的网络媒介素养和职场活力均值较高、情况较好；但网络信息评价能力、职场身体力量等方面亟待加强，尤其是教师薪资福利等方面还有提升空间。

（二）民办学校学生发展概况

民办高校学生发展基本状况分3个指标进行测量，分别是网络媒介素养、自主学习能力和获得感。样本中学生的网络媒介素养得分均值为3.749，在各指标中均值最高；自主学习能力均值为3.664；获得感均值为3.659。总体上，全国民办高校学生发展状况较好。学生的网络媒介素养、自主学习能力均值较高，情况较好；但在网络媒介整合交流、学习计划能力、参与感及认同感等方面亟待加强，提升空间较大。

民办中小学学生发展基本状况分3个指标进行测量，分别是学习能力、获得感、网络媒介素养。样本中学生的获得感得分均值为4.022，在各指标中均值最高；网络媒介素养均值为3.796；学习能力均值为3.530。总体上，全国民办中小学学生发展状况较好，学生的获得感和网络媒介素养均值较高、情况较好；但参与感、网络自我保护、学业能力等方面亟待加强，提升空间较大。

二、民办学校师生能力发展概况

（一）民办学校教师能力发展概况

1. 网络媒介素养

民办学校教师网络媒介素养分为信息获取能力、信息评价能力和信息创建能力3个维度。民办高校教师与民办中小学教师在这3维度上的均值从大到小排列均为：信息创建能力>信息获取能力>信息评价能力。民办高校教师的信息创建能力均值达到3.993；信息获取能力均值为3.939；信息评价能力均值为3.935。民办中小学教师的信息创建能力均值达到4.030；信息获取能力均值为3.968；信息评价能力均值为3.966。

2. 职场活力

民办学校教师职场活力分为身体力量、认知活力和情绪能量3个维度。民办高校教师与民办中小学教师在这3维度上的均值从大到小排列均为：情绪能量>认知活力>身体力量。民办高校教师的情绪能量均值达到4.002；认知活力均值3.791；身体力量均值为3.314。民办中小学教师的情绪能量均值达到4.047；认知活力均值为3.839；身体力量均值为3.415。

（二）民办学校学生能力发展概况

1. 网络媒介素养

民办学校学生网络媒介素养分为批判获取能力、整合交流能力和自我保护能力3个维度。民办中小学学生的批判获取能力均值最高，达到3.817；整合交流均值为3.796；自我保护能力均值最低，为3.773。民办高校学生的自我保护能力均值最高，达到3.793；批判获取能力均值为3.791；整合交流能力均值最低，为3.675。

2. 自主学习能力

民办高校学生自主学习能力分为评估能力、调节能力、控制能力、计划能力4个维度。民办高校学生的评估能力均值最高，达到3.690；控制能力均值为3.677；调节能力均值为3.671；计划能力均值最低，为3.618。

3. 学习能力

民办中小学学生学习能力分为学业能力、应对能力、社交能力3个维度。民办中小学学生的社交能力均值最高，达到3.570；应对能力均值为3.530；学业能力均值最低，为3.510。

三、民办学校师生发展感受概况

（一）民办学校教师队伍建设和教学效能感概况

1. 教师队伍建设

民办学校教师队伍建设分为专业发展、薪资福利和其他保障3个维度。民办高校教师与民办中小学教师的专业发展均值均为3维度的均值之首。民办高校教师的专业发展均值达到3.574；薪资福利均值为3.357；其他保障均值最低，为3.168。民办中小学教师的专业发展均值达到3.624；其他保障均值为3.593；薪资福利均值最低，为3.290。

2. 教学效能感

民办高校教师教学效能感分为教学策略、课堂管理、学生投入3个维度。民办高校教师的教学策略均值最高，达到4.095；课堂管理均值为4.070；学生投入均值最低，为3.999。

（二）民办学校学生获得感概况

民办学校学生获得感分为参与感、认同感、成就感和幸福感4个维度。无论是民办中小学还是民办高校，学生的参与感普遍偏低。民办高校学生的成就感均值最高，达到3.805；幸福感均值为3.796；认同感均值为3.523；参与感均值最低，为3.512。民办中小学学生的幸福感均值最高，为4.127；成就感均值为4.096；认同感均值为4.018；参与感均值最低，为3.845。

目 录

前言
第一部分　中国民办教育年度发展总报告　　　　　　　　　　　　　　　1
　　第一章　研究技术报告　　　　　　　　　　　　　　　　　　　　　3
　　　　一、研究背景　　　　　　　　　　　　　　　　　　　　　　　3
　　　　二、研究目标　　　　　　　　　　　　　　　　　　　　　　　4
　　　　三、研究方法　　　　　　　　　　　　　　　　　　　　　　　5
　　　　四、研究对象　　　　　　　　　　　　　　　　　　　　　　　5
　　　　五、研究工具　　　　　　　　　　　　　　　　　　　　　　　7
　　第二章　民办学校教师发展报告　　　　　　　　　　　　　　　　　12
　　　　一、民办高校教师发展基本情况　　　　　　　　　　　　　　　12
　　　　二、民办中小学教师发展基本情况　　　　　　　　　　　　　　16
　　第三章　民办学校学生发展报告　　　　　　　　　　　　　　　　　20
　　　　一、民办高校学生发展基本情况　　　　　　　　　　　　　　　20
　　　　二、民办中小学学生发展基本情况　　　　　　　　　　　　　　23
第二部分　民办学校师生能力发展报告　　　　　　　　　　　　　　　　27
　　第四章　民办学校教师能力发展　　　　　　　　　　　　　　　　　29
　　　　一、民办学校教师网络媒介素养　　　　　　　　　　　　　　　29
　　　　二、民办学校教师职场活力　　　　　　　　　　　　　　　　　44

第五章	民办学校学生能力发展	62
	一、民办学校学生网络媒介素养	62
	二、民办高校学生的自主学习能力	78
	三、民办中小学学生学习能力	91
第三部分	**民办学校师生发展感受报告**	**97**
第六章	民办学校教师队伍建设和效能感	99
	一、民办学校教师队伍建设	99
	二、民办高校教师教学效能感	117
第七章	民办学校学生获得感	126
	一、民办高校学生获得感	127
	二、民办中小学学生获得感	140
参考文献		**147**
附录	**民办教育研究文献述评**	**153**
	一、国内民办教育研究文献综述	154
	二、后续研究建议	160
后记		**163**

第一部分

中国民办教育年度发展总报告

第一章 研究技术报告

> **内容提要**
> 本章分析了我国民办教育发展的背景,提出了民办学校师生发展报告的研究目标,明确了研究群体的样本范围,简介了测量工具的编制和施测全过程。

一、研究背景

《中国教育现代化 2035》明确提出"加快推进教育现代化、建设教育强国、办好人民满意的教育"。[①]《2019 年政府工作报告》强调"发展更加公平更有质量的教育"。[②]公平优质、人民满意的现代化教育体系不仅包括公办教育,还包括民办教育。我们需要构建公办和民办并举的教育一体化格局,完善多样性、整体性教育体系;加强学校内部治理改革,持续推进治理体系现代化;逐渐提升教师队伍建设质量,建设高素质专业化教师队伍;不断提高人才培养质量,提供特色化、公平的优质教育。

经过改革开放 40 多年来的发展,我国民办教育已经发展成为国内教育的重要增长点,发挥着愈加重要的作用,显示出愈加明显的后发优势。在教育规模上,民办学校成为教育的重要组成部分。2018 年全国民办学校达 18.35 万所,占全国学校总数的 35.36%;民办学校在校学生 5378.21 万人,占全国在校生总数的 19.51%。[③]2018 年全国民办学校专任教师 307.32 万人,占全国专任教师总数的 18.37%,比上年增加 5.45 万人。[④]在教育质量上,民办学校相比公办学校更能满足学生和家长对教育的多样化、差异性需求。民办学校的发展也由关注生存期发展到质量提升期,由对公办学校起补充性作用转向特色化发展

---

① 中共中央、国务院印发《中国教育现代化 2035》[EB/OL]. 中国政府网.http://www.gov.cn/zhengce/2019-02/23/content_5367987.htm [2019-09-01].
② 2019 年政府工作报告 [EB/OL].中国政府网. http://www.gov.cn/zhuanti/2019qglh/2019lhzfgzbg/[2019-03-16].
③ 2018 年全国教育事业发展统计公报 [EB/OL]. http://www.moe.gov.cn/jyb_sjzl/sjzl_fztjgb/201907/t20190724_392041.html [2019-07-24].
④ 各级各类民办学校数、教职工、专任教师情况 [DB/OL]. http://www.moe.gov.cn/s78/A03/moe_560/jytjsj_2018/qg/201908/t20190812_394234.html [2019-09-09].

道路。民办学校与公办学校并举的教育一体化格局渐趋形成。

民办学校要按照分类管理两种组织属性，开展现代学校制度改革和创新，统筹推进内部治理改革，系统完善学校管理体系。《中华人民共和国民办教育促进法》修订，明确民办教育分类管理；《国务院关于鼓励社会力量兴办教育促进民办教育健康发展的若干意见》及《民办学校分类登记实施细则》等相关配套文件为民办教育的可持续健康发展提供科学的顶层设计。分类管理实施以来，各地在国家政策总体框架下，相继出台相应举措充分鼓励民间投资兴办教育。民办学校自身更应主动抓住机遇，大胆作为，积极探索内部治理创新模式，为更好地提供人民满意的教育做出更大的贡献。

民办学校师生的发展是民办教育发展的内在要求和核心体现，是民办学校发展的本质。教师队伍建设是民办学校教育质量的保障，以教师发展为前提，可保障民办学校办学特色切实落实。人才培养质量是民办学校教育质量的核心，以学生发展为目标，可助力民办学校社会声誉及实力的提高。应持续改善民办学校教师教学科研生态，重视优化民办学校学生学习与就业环境，逐渐加强民办学校师生能力建设，努力改善民办学校师生权益保障，不断提升民办学校师生效能感及获得感，这不仅有利于民办学校内涵式发展，更有利于民办学校形成竞争性优势。

在分类管理新局势、内涵发展新要求下，民办教育发展需集聚多方合力，健全现代化民办教育体系，激发内部治理改革创新，提升教师队伍建设水平，提高人才培养质量。《中国民办教育发展报告》聚焦民办学校师生发展，连续出版多年来，每年对全国范围内民办学校师生发展状况进行调查，已形成中国民办教育师生发展数据库。《中国民办教育发展报告2018》（以下简称《报告》）在分类管理改革和民办公办一体化背景下，以北京师范大学中国民办教育研究院民办教育师生发展数据库为基础，全面探讨民办学校师生发展水平及提高对策。

二、研究目标

《报告》采用北京师范大学中国民办教育研究院科研团队自主研发的民办教育师生发展量表进行调查，通过量化统计分析与可视化技术，呈现当前我国民办学校师生发展的热点和难点问题。研究成果可供各级教育行政部门、各类民办学校、研究人员及广大民办学校师生参考使用。

1）编制民办学校师生发展量表并建立数据库。
2）调查并掌握民办学校师生发展现状及差异。
3）有针对性地改善和促进民办学校师生发展。
4）引起学界对民办学校师生发展状况的重视。

5）为各部门制定民办学校师生发展决策提供参考。

三、研究方法

（一）调查方式

《报告》采用问卷调查和访谈相结合、量化研究与质性研究相结合的方式，得到符合统计要求的较为可靠的数据资料，并以半结构式访谈的方式，通过实地师生座谈、教师访谈等得到较为可靠的质性资料。在问卷调查过程中，我们得到各省（自治区、直辖市）协调人的大力支持，由其负责、督促、监管问卷调查推进等工作。为保证所收集数据真实有效，在委托前笔者向相关负责人讲明调查目的、操作方法和注意事项。在调查过程中，我们得到了各学校师生的大力配合，一并感谢。

（二）分析方法

研究团队对所收集问卷数据进行统计学意义上的清洗和筛查后，保留有效问卷。对有效数据进行多元统计分析，主要运用SPSS、AMOS等软件进行分析。分析结果呈现了各群体发展的基本情况，侧重于对各群体的发展进行差异性比较。《报告》以图表相结合的形式呈现研究结果，同时重视各变量之间的差异显著性检验和问卷的可靠性检验。

（三）撰写特点

《报告》撰写以客观反映民办学校师生发展现状、尊重数据结果为原则，重在呈现结果而非主观判断。行文风格简洁、明了、准确，突出可视化图、表的直观表述。

四、研究对象

《报告》的调查研究对象是我国民办学校的教师和学生。此次调查研究的区域涵盖东、中、西三个地区的代表省份。样本包括不同地区、办学类型/层次、性别、职称的教师群体，以及不同地区、办学类型/层次、性别、年级、父母最高学历和家庭经济条件的学生群体。

《报告》主要调查了14个省（自治区、直辖市）共318所民办学校的师生群体。本报告中，教师有效样本数为13 033，其中，民办中小学教师4163人，民办高校教师8870人；学生有效样本数为167 415，其中，民办中小学学生18 618人，民办高校学生148 797人（表1-1）。

表 1-1　民办学校师生样本情况

学段	教师		学生	
	样本数（人）	百分比（%）	样本数（人）	百分比（%）
中小学	4 163	31.94	18 618	11.12
高校	8 870	68.06	148 797	88.88
合计	13 033	100	167 415	100

（一）民办中小学师生样本情况

民办中小学教师有效样本数为 4163，民办中小学学生有效样本数为 18 618。

1. 民办中小学教师样本情况

从地区分布看，东部地区为 3293 人（占比 79.10%），中部地区为 9 人（占比 0.22%），西部地区为 861 人（占比 20.68%）。

从办学类型看，小学教师为 2223 人（占比 53.40%），初中教师为 1266 人（占比 30.41%），高中教师为 674 人（占比 16.19%）。

从性别看，男教师为 1277 人（占比 30.67%），女教师为 2886 人（占比 69.33%）。

从职称看，无职称教师为 2568 人（占比 61.69%），小教二级教师为 338 人（占比 8.12%），小教一级教师为 284 人（占比 6.82%），小教高级教师为 132 人（占比 3.17%），中教三级教师为 73 人（占比 1.75%），中教二级教师为 439 人（占比 10.55%），中教一级教师为 227 人（占比 5.45%），中教高级教师为 102 人（占比 2.45%）。

2. 民办中小学学生样本情况

从地区分布看，东部地区为 14 580 人（占比 78.31%），中部地区为 4011 人（占比 21.54%），西部地区为 27 人（占比 0.15%）。

从性别看，男生为 11 013 人（占比 59.15%），女生为 7605 人（占比 40.85%）。

从所在年级看，小学四年级学生为 8438 人（占比 43.32%），初中二年级学生为 6708 人（占比 36.03%），高中一年级学生为 3472 人（占比 18.65%）。

从父母最高学历看，父母最高学历为初中及以下的学生为 8633 人（占比 46.37%），父母最高学历为高中的学生为 6591 人（占比 35.40%），父母最高学历为专科或本科的学生为 3021 人（占比 16.23%），父母最高学历为硕士研究生及以上的学生为 373 人（占比 2.00%）。

从家庭经济条件看，家庭经济非常困难的人数为 792（占比 4.26%），家庭经济比较困难的人数为 2529（占比 13.58%），家庭经济中等人数为 12 750（占比 68.48%），家庭经济比较富裕的人数为 1596（占比 8.57%），家庭经济很富裕的人数为 363（占比 1.95%），不清楚家庭经济状况的人数为588（占比3.16%）。

（二）民办高校师生样本情况

民办高校教师有效样本数为8870，民办高校学生有效样本数为148 797。

1. 民办高校教师样本情况

从办学层次看，本科层次教师为6266人（占比70.64%），专科层次教师为2604人（占比29.36%）。

从地区分布看，东部地区有7393人（占比83.35%），中部地区有762人（占比8.59%），西部地区有715人（8.06%）。

从性别看，男教师为3087人（占比34.80%），女教师为5783人（占比65.20%）。

从职称看，无职称教师为1703人（占比19.20%），初级职称教师为2034人（占比22.93%），中级职称教师为3796人（占比42.80%），副高级职称教师为1183人（占比13.34%），正高级职称教师为154人（占比1.73%）。

2. 民办高校学生样本情况

从学校层次看，就读专科/高职层次学校的学生有34 365人（占比23.10%），就读本科层次学校的学生有114 432人（占比76.90%）。

从学校类型看，就读普通民办院校（含独立学院）的学生为132 771人（占比89.23%），就读高等职业院校的学生为16 026人（占比10.77%）。

从地区分布看，东部地区为117 310人（占比78.84%），中部地区为19 389人（占比13.03%），西部地区为12 098人（8.13%）。

从性别看，男生为63 215人（占比42.48%），女生为85 582人（占比57.52%）。

从所在年级看，大一学生共65 722人（占比44.17%），大二学生共53 307人（占比35.83%），大三学生共24 480人（占比16.45%），大四学生共3972人（占比2.67%），其他年级学生为1316人（占比0.88%）。

五、研 究 工 具

《报告》所使用的测量工具由北京师范大学民办教育科研团队编制；以国内外相关研究的经典理论为依据，遵循问卷设计原则与方法，信度分析结果表明编制的测量工具较为可靠。

(一)民办中小学测量工具信度及结构

1. 民办中小学教师测量工具结构及信度

民办中小学教师测量工具包括 3 个量表：网络媒介素养量表、教师队伍建设量表、职场活力量表。如图 1-1 所示。

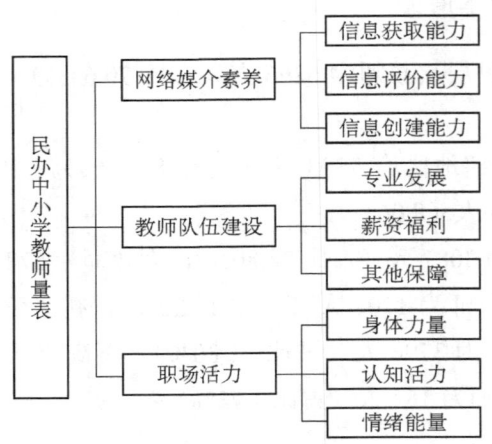

图 1-1　民办中小学教师测量工具图

民办中小学教师网络媒介素养量表、教师队伍建设量表、职场活力量表的内部一致性信度均较高（表 1-2），各量表的信度系数均高于 0.930，且各子维度信度系数均高于 0.870，信度系数达到统计学标准，可进行团体施测。

表 1-2　民办中小学教师量表信度

测量指标	子维度	子维度 α 系数	量表 α 系数
网络媒介素养	信息获取能力	0.946	0.979
	信息评价能力	0.949	
	信息创建能力	0.960	
教师队伍建设	专业发展	0.896	0.942
	薪资福利	0.873	
	其他保障	0.872	
职场活力	身体力量	0.874	0.936
	认知活力	0.944	
	情绪能量	0.929	

2. 民办中小学学生测量工具结构及信度

民办中小学学生测量工具包括 3 个量表：网络媒介素养量表、学习能力量表和获得感量表。民办中小学学生量表结构如图 1-2 所示。

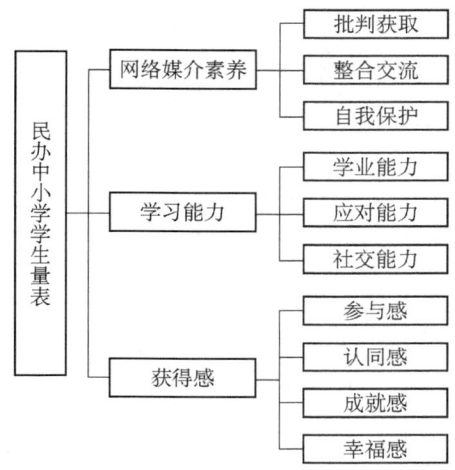

图 1-2　民办中小学学生测量工具图

民办中小学学生网络媒介素养量表、学习能力量表和获得感量表的内部一致性信度均较高，各量表的信度系数高于 0.940，且各子维度信度系数均高于 0.820，信度系数达到统计学标准（表 1-3），可进行团体施测。

表 1-3　民办中小学学生量表信度

测量指标	子维度	子维度 α 系数	量表 α 系数
网络媒介素养	批判获取	0.918	0.947
	整合交流	0.873	
	自我保护	0.827	
学习能力	学业能力	0.940	0.970
	应对能力	0.901	
	社交能力	0.926	
获得感	参与感	0.853	0.961
	认同感	0.930	
	成就感	0.914	
	幸福感	0.913	

（二）民办高校测量工具结构及信度

1. 民办高校教师测量工具结构及信度

民办高校教师测量工具包括 4 个量表：网络媒介素养量表、职场活力量表、教师队伍建设量表和教学效能感量表。民办高校教师量表结构如图 1-3 所示。

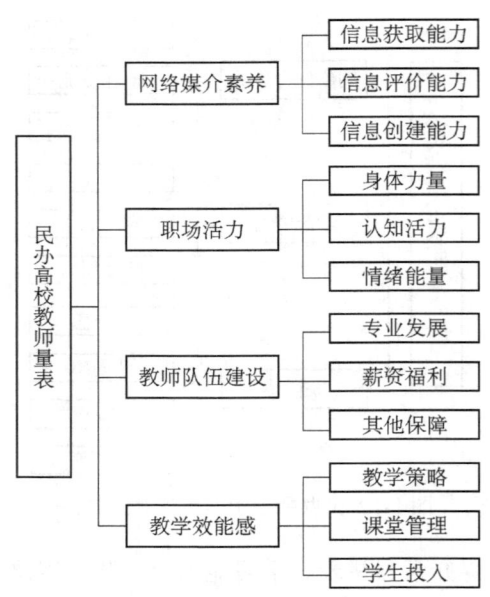

图 1-3 民办高校教师测量工具图

民办高校教师网络媒介素养量表、职场活力量表、教师队伍建设量表和教学效能感量表的内部一致性信度较高,各量表的信度系数均高于 0.930,且各子维度信度系数均高于 0.870(表 1-4),信度系数符合统计学标准,达到团体施测要求。

表 1-4 民办高校教师量表信度

测量指标	子维度	子维度 α 系数	量表 α 系数
网络媒介素养	信息获取能力	0.942	0.978
	信息评价能力	0.951	
	信息创建能力	0.956	
职场活力	身体力量	0.891	0.933
	认知活力	0.940	
	情绪能量	0.926	
教师队伍建设	专业发展	0.879	0.944
	薪资福利	0.885	
	其他保障	0.894	
教学效能感	教学策略	0.931	0.972
	课堂管理	0.937	
	学生投入	0.945	

2. 民办高校学生测量工具结构及信度

民办高校学生测量工具包括 3 个量表:网络媒介素养量表、自主学习能力量表、获得感量表。如图 1-4 所示。

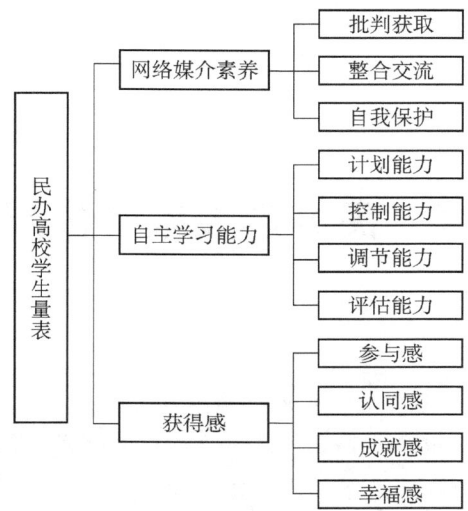

图 1-4 民办高校学生测量工具图

民办高校学生网络媒介素养量表、自主学习能力量表和获得感量表的内部一致性信度均较高，各量表的信度系数均高于 0.960，且各子维度信度系数均高于 0.850（表 1-5），信度系数达到统计学标准，可进行团体施测。

表 1-5 民办高校学生量表信度

测量指标	子维度	子维度 α 系数	量表 α 系数
网络媒介素养	批判获取	0.964	0.973
	整合交流	0.946	
	自我保护	0.851	
自主学习能力	计划能力	0.911	0.975
	控制能力	0.936	
	调节能力	0.931	
	评估能力	0.936	
获得感	参与感	0.898	0.966
	认同感	0.946	
	成就感	0.928	
	幸福感	0.923	

第二章 民办学校教师发展报告

> **内容提要**
>
> 本章调查了全国东、中、西部地区的民办学校教师发展基本情况，运用数据和图形展示了民办高校教师的网络媒介素养、职场活力、教师队伍建设和教学效能感，以及民办中小学教师的网络媒介素养、职场活力和教师队伍建设等方面的发展情况。

一、民办高校教师发展基本情况

民办高校教师发展基本状况共分为 4 个指标进行测量，分别是网络媒介素养、职场活力、教师队伍建设和教学效能感。样本中教师的教学效能感得分均值为 4.054，在各指标中均值最高；教师队伍建设得分均值最低，为 3.413（图 2-1）。

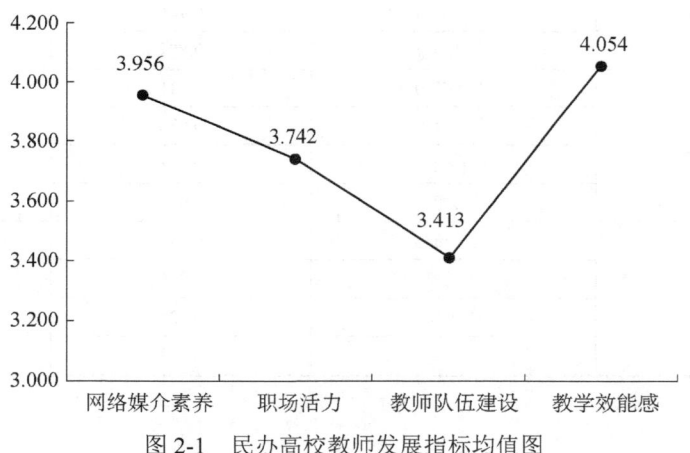

图 2-1 民办高校教师发展指标均值图

（一）网络媒介素养

1. 总体情况

民办高校教师的网络媒介素养整体状况较好。本测量指标分为信息获取能力、信息评价能力和信息创建能力 3 个维度。样本中教师的网络媒介素养得分均值为 3.956，位居 4 个指标均值的第 2 位。

2. 维度比较

在信息获取能力、信息评价能力和信息创建能力 3 个维度中，信息创建能力均值最高，达到 3.993；信息评价能力均值最低，为 3.935；信息获取能力均值居中（图 2-2）。

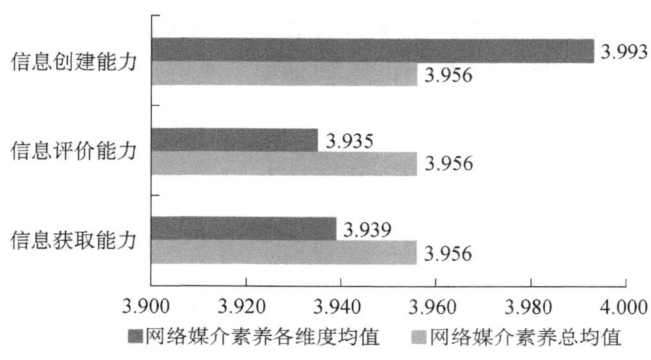

图 2-2　民办高校教师网络媒介素养子维度均值图

从调研结果看，全国民办高校教师的网络媒介素养位居 4 个指标均值的第 2 位，表明全国民办高校教师网络媒介素养整体水平较好。但教师信息评价能力均值在 3 个维度中最低，表明民办高校教师筛选和甄别网络信息的能力还有提升空间，值得关注。

（二）职场活力

1. 总体情况

民办高校教师职场活力整体水平一般。本测量指标分为身体力量、认知活力和情绪能量 3 个维度。样本中教师职场活力得分均值为 3.742，位居 4 个指标均值的第 3 位。

2. 维度比较

在身体力量、认知活力和情绪能量 3 个维度中，情绪能量均值最高，达到 4.002；身体力量均值最低，为 3.314；认知活力均值居中（图 2-3）。

从调研结果看，全国民办高校教师的职场活力位居 4 个指标均值的第 3 位，表明全国民办高校教师职场活力整体水平一般，特别是教师身体力量维度，其均值在 3 个维度中最低，表明民办高校教师身体力量还有提升空间，值得关注。

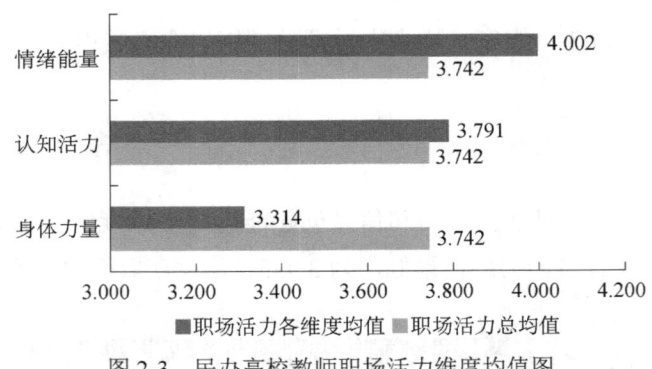

图 2-3　民办高校教师职场活力维度均值图

（三）教师队伍建设

1. 总体情况

民办高校教师队伍建设能力整体水平不高。本测量指标分为专业发展、薪资福利和其他保障 3 个维度。样本中教师的队伍建设感受得分均值为 3.413，位居 4 个指标均值的第 4 位。

2. 维度比较

在专业发展、薪资福利和其他保障 3 个维度中，专业发展均值最高，达到 3.574；其他保障均值最低，为 3.168；薪资福利均值居中（图 2-4）。

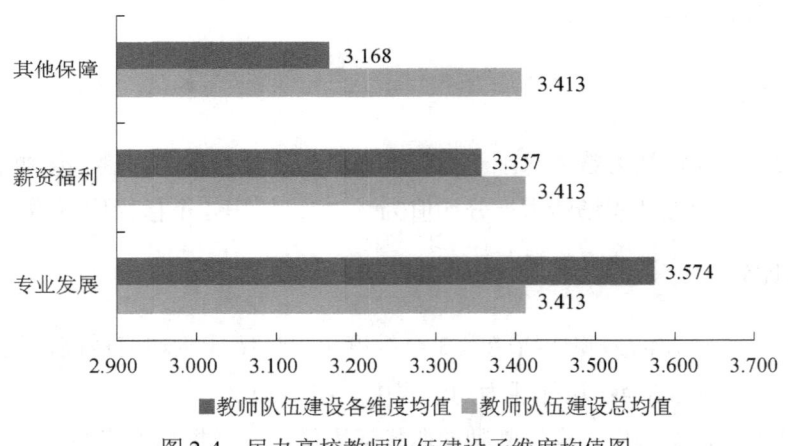

图 2-4　民办高校教师队伍建设子维度均值图

从调研结果看，全国民办高校教师的教师队伍建设均值位居 4 个指标均值的第 4 位，表明全国民办高校教师队伍建设能力整体水平不高，问题较为突出。特别是其他保障均值在 3 个维度中最低，表明民办高校教师的其他保障还有提升空间，值得关注。

（四）教学效能感

1. 总体情况

民办高校教师教学效能感整体状况良好。本测量指标分为教学策略、课堂管理和学生投入3个维度。样本中教学效能感得分均值为4.054，位居4个指标均值之首。

2. 维度比较

在教学策略、课堂管理和学生投入3个维度中，教学策略均值最高，达到4.095；学生投入均值最低，为3.999；课堂管理均值居中（图2-5）。

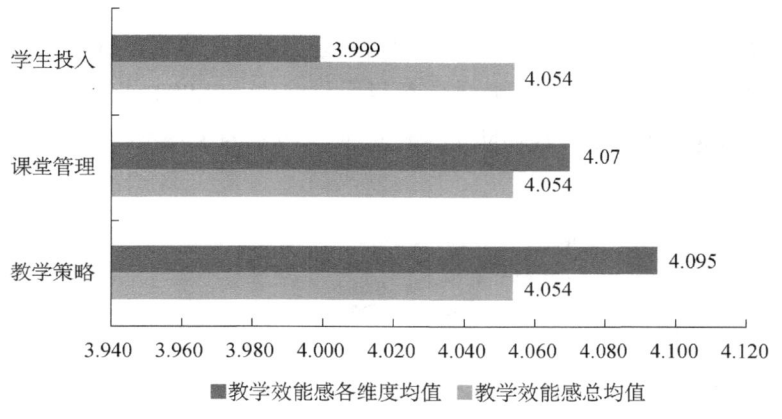

图2-5　民办高校教师教学效能感子维度均值图

从调研结果看，全国民办高校教师的教学效能感均值位居4个指标均值之首，表明全国民办高校教师教学效能感整体水平较高。但学生投入子维度均值较低，表明民办高校教师的学生投入度还有提升空间。

（五）小结

总体上，全国民办高校教师发展状况良好。教学效能感和网络媒介素养均值较高，情况较好，但在以下几个方面还有提升空间。

1）民办高校教师筛选和甄别网络信息的能力还有提升空间。建议民办高校重视人工智能辅助教学和混合式教学对提高教学质量的作用，通过教师专项培训、集体学习等形式切实提高教师的信息评价和人工智能辅助工具运用的能力。

2）民办高校教师身体力量还有提升空间。建议民办高校通过加强工会组织和师生活动中心建设，为教师提供一流的运动场馆和健身器材，定期组织教师参加体育竞赛，提高教师身体素质，保持并稳步提高教师的职场活力。

3）民办高校教师的其他保障还有提升空间。建议民办高校高度重视引才、留才、用才对学校发展的重要战略意义，变单一薪酬模式为多元激励模式，切实提高教师的薪酬待遇和各项福利保障，为学校发展储备人力和智力资源。

4）民办高校教师的学生投入度还有提升空间。建议民办高校通过组织育人模式研讨、学生参与评价教师工作绩效等方式，鼓励教师依据学生个体差异实施有效教学，提高辅导学生深度学习的专业能力，稳步提升教学效能感。

二、民办中小学教师发展基本情况

民办中小学教师发展基本状况共分 3 个指标进行测量，分别是网络媒介素养、职场活力和教师队伍建设。样本中教师网络媒介素养得分均值为 3.988，在各指标中均值最高；职场活力居中，均值为 3.802；教师队伍建设最低，均值为 3.481（图 2-6）。

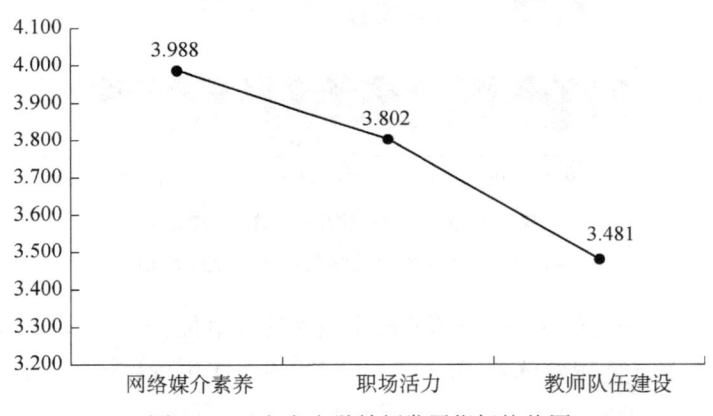

图 2-6　民办中小学教师发展指标均值图

（一）网络媒介素养

1. 总体情况

民办中小学教师网络媒介素养整体状况较好。本测量指标分为信息获取能力、信息评价能力和信息创建能力 3 个维度。全国样本中教师网络媒介素养得分均值为 3.988，位居 3 个指标均值之首。

2. 维度比较

在信息获取能力、信息评价能力和信息创建能力 3 个维度中，信息创建能力均值最高，达到 4.030；信息评价能力均值最低，为 3.966；信息获取能力均值居中（图 2-7）。

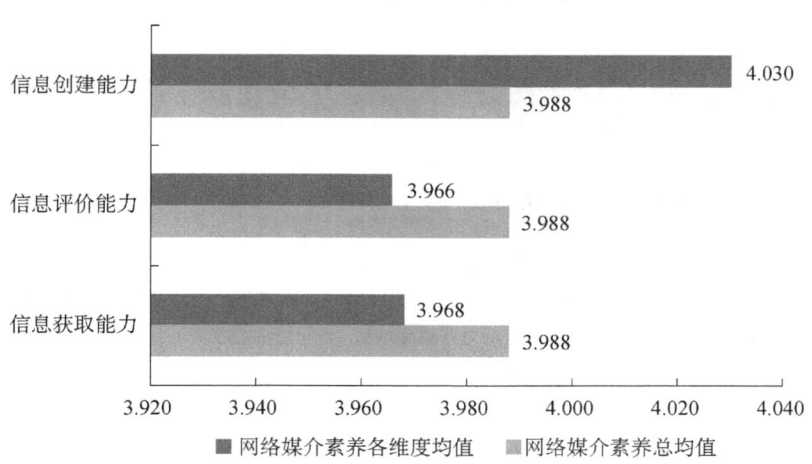

图 2-7 民办中小学教师网络媒介素养子维度均值图

从调研结果看，全国民办中小学教师的网络媒介素养均值位居 3 个指标均值之首，表明全国民办中小学教师网络媒介素养整体水平较高。但信息评价能力子维度均值较低，表明民办中小学教师信息评价能力还有提升空间。

（二）职场活力

1. 总体情况

民办中小学教师职场活力整体状况一般。本测量指标分为身体力量、认知活力和情绪能量 3 个维度。全国样本中教师职场活力得分均值为 3.802，位居 3 个指标均值的第 2 位。

2. 维度比较

在身体力量、认知活力和情绪能量 3 个维度中，情绪能量均值最高，达到 4.047；身体力量均值最低，为 3.415；认知活力均值居中（图 2-8）。

从调研结果看，全国民办中小学教师的职场活力位居 3 个指标均值的第 2 位。表明全国民办中小学教师职场活力整体水平一般。特别是教师身体力量均值在各维度中最低，表明民办中小学教师身体力量还有提升空间，值得关注。

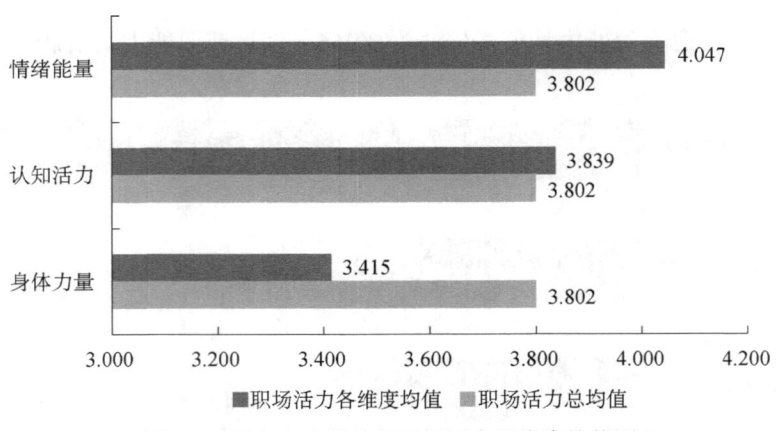

图 2-8　民办中小学教师职场活力子维度均值图

（三）教师队伍建设

1. 总体情况

民办中小学教师教师队伍建设能力整体水平不高。本测量指标分为专业发展、薪资福利和其他保障 3 个维度。样本中教师对队伍建设感受的得分均值为 3.481，位居 3 个指标均值的第 3 位。

2. 维度比较

在专业发展、薪资福利和其他保障 3 个维度中，专业发展均值最高，达到 3.624；薪资福利均值最低，为 3.290；其他保障均值居中（图 2-9）。

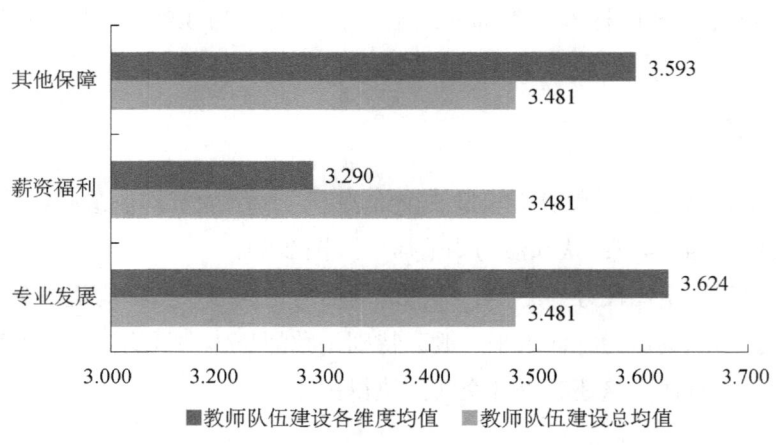

图 2-9　民办中小学教师队伍建设子维度均值图

从调研结果看，全国民办中小学教师的教师队伍建设均值位居 3 个指标均值的第 3 位，表明全国民办中小学教师队伍建设能力整体水平不高，问题较为突出。特别是教师薪资福利均值在 3 个维度中最低，表明民办中小学教师薪资福利还有提升空间，值得关注。

（四）小结

总体上，全国民办中小学教师发展状况良好，其网络媒介素养均值较高，职场活力情况较好，但在以下几个方面还有提升空间。

1）民办中小学教师信息评价能力即筛选和甄别网络信息能力还有提升空间。建议民办中小学重视"互联网+"教育中教师呈现的资料对提高民办中小学教学质量的意义，通过教师网络素养培训、集体备课等途径切实提高教师的信息评价能力和"互联网+"智能教育能力。

2）民办中小学教师身体力量还有提升空间。建议民办中小学通过加强学校运动设施建设，为教师提供一流的室内运动场馆和健身器材，为教师预留学校操场专属运动时间，定期组织教师参与趣味运动会，鼓励教师与学生共同参加晨跑、早操等活动，提高教师基础身体素质，促使教师职场活力稳步提升。

3）民办中小学教师薪资福利还有提升空间。建议民办中小学校高度重视教师对学校发展的重要战略意义，变单一薪酬模式为多元激励模式，切实提高教师的薪酬待遇和各项福利保障，缩小与公办学校教师薪资福利的差距，拉近与当地公务员薪资福利的距离，为学校发展储备人才资源。

第三章 民办学校学生发展报告

> **内容提要**
> 本章调查了全国东、中、西部的民办高校学生发展基本情况，运用数据和图形展示了民办高校学生网络媒介素养、自主学习能力和获得感发展情况，以及民办中小学学生在网络媒介素养、学习能力和获得感等方面的发展情况。

一、民办高校学生发展基本情况

民办高校学生发展基本状况共分为3个指标进行测量，分别是网络媒介素养、自主学习能力和获得感。样本中学生的网络媒介素养得分均值为3.749，在各指标中最高；学生获得感均值最低，为3.659（图3-1）。

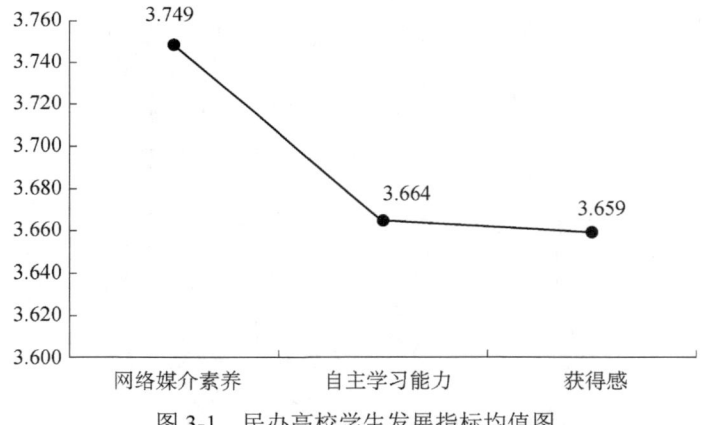

图3-1 民办高校学生发展指标均值图

（一）网络媒介素养

1. 总体情况

民办高校学生网络媒介素养整体状况很好。本测量指标分为批判获取、整合交流和自我保护 3 个维度。样本中民办高校学生网络媒介素养得分均值为 3.749，位居 3 个指标均值的首位。

2. 维度比较

在批判获取能力、整合交流能力和自我保护能力 3 个维度中，自我保护能力均值最高，达到 3.793；整合交流能力均值最低，为 3.675；批判获取能力均值居中（图 3-2）。

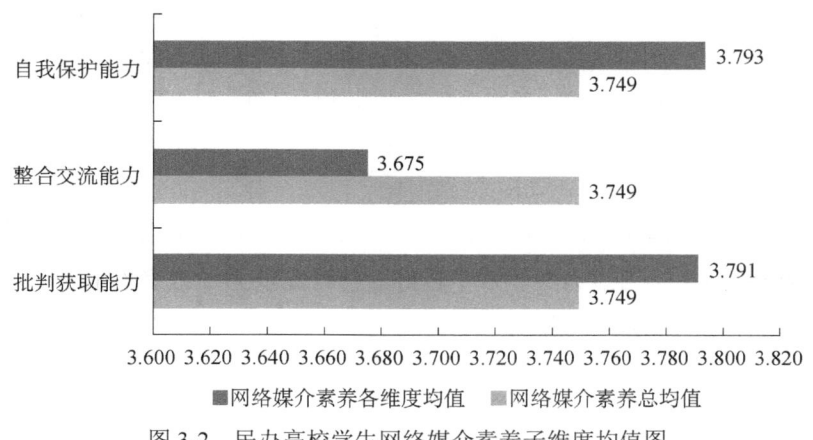

图 3-2　民办高校学生网络媒介素养子维度均值图

3. 结果分析

从调研结果看，全国民办高校学生的网络媒介素养位居 3 个指标均值之首，表明全国民办高校学生的网络媒介素养整体水平很好。但整合交流能力维度均值稍低，表明民办高校学生整合网络资源开展学术交流的能力有待提升。

（二）自主学习能力

1. 总体情况

民办高校学生自主学习能力状况整体较好。本测量指标分为计划能力、控制能力、调节能力和评估能力 4 个维度。样本中高校学生的自主学习能力得分均值为 3.664，位居 3 个指标均值的第 2 位。

2. 维度比较

在计划能力、控制能力、调节能力和评估能力 4 个维度中，评估能力均值最高，达到 3.690；计划能力均值最低，为 3.618；控制能力和调节能力均值分别排在第 2 位、第 3 位（图 3-3）。

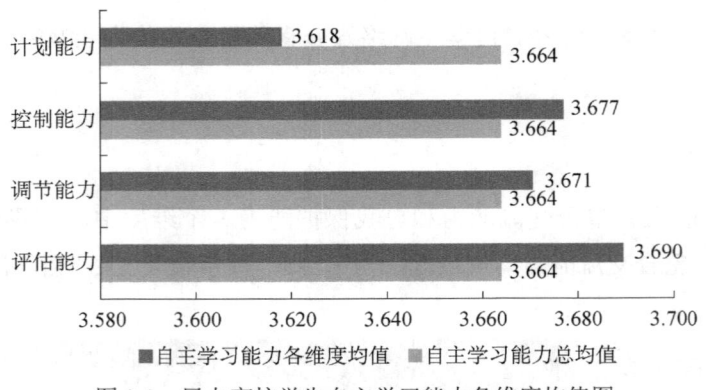

图 3-3　民办高校学生自主学习能力各维度均值图

3. 结果分析

从调研结果看，全国民办高校学生的自主学习能力位居 3 个指标均值的第 2 位，表明全国民办高校学生自主学习能力整体水平较好。但计划能力子维度均值稍低，表明民办高校学生制定学习计划的能力有待提升。

（三）获得感

1. 总体情况

民办高校学生获得感整体状况一般。本测量指标分为参与感、认同感、成就感和幸福感 4 个维度。样本中高校学生的获得感得分均值为 3.659，位居 3 个指标均值的第 3 位。

2. 维度比较

在参与感、认同感、成就感和幸福感 4 个维度中，成就感均值最高，达到 3.805；参与感均值最低，为 3.512；幸福感和认同感均值分别排第 2 位、第 3 位（图 3-4）。

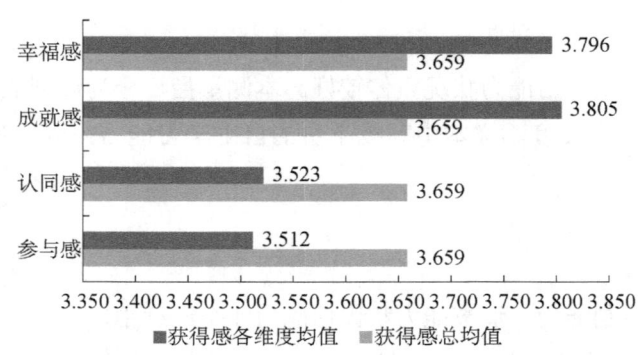

图 3-4　民办高校学生获得感子维度均值图

3. 结果分析

从调研结果看,全国民办高校学生的获得感位居 3 个指标均值的第 3 位,表明全国民办高校学生获得感整体水平一般。其中,参与感维度均值稍低,表明民办高校学生参与学校事务的机会有待增加。

(四)小结

总体上,全国民办高校学生发展状况良好,网络媒介素养和自主学习能力均值较高,情况较好,但在以下几个方面还有提升空间。

1)民办高校学生整合网络资源开展学术交流的能力有待提升。建议民办高校重视人工智能辅助学习对提高学生深度学习的重要作用,通过教师辅导、合作学习等形式,切实提高学生运用现代网络和人工智能技术统整资源、开展学术交流的能力。

2)民办高校学生制定学习计划的能力有待提升。建议民办高校高度重视立德树人价值引领和学生生涯规划辅导工作,帮助青年学生形成正确的价值观,使其树立崇高的理想信念和学习目标,培养计划和规划能力。

3)民办高校学生参与学校事务的机会有待增加。建议民办高校重视赋权学生参与学校重大决策、学校管理、制度规范制订、文化建设等方面事务的机会,扩大校园民主参与代表范围,激发学生的参与热情,为学生搭建贡献青春才智的平台。

二、民办中小学学生发展基本情况

民办中小学学生发展基本状况共分为 3 个指标进行测量,分别是网络媒介素养、学习能力和获得感。样本中学生获得感均值为 4.022,在各指标中均值最高;学习能力均值最低,为 3.530;网络媒介素养均值居中(图 3-5)。

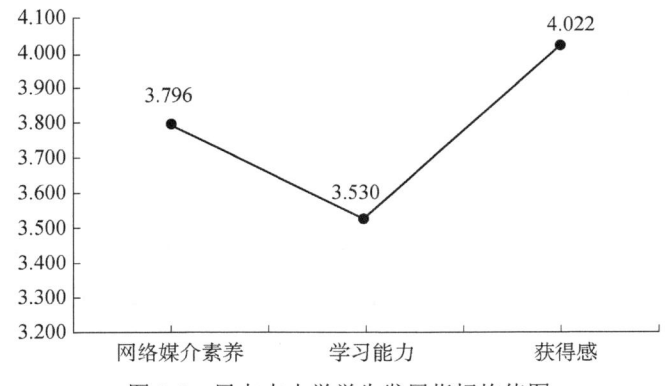

图 3-5 民办中小学学生发展指标均值图

（一）网络媒介素养

1. 总体情况

民办中小学学生网络媒介素养整体状况较好。本测量指标分为批判获取、整合交流和自我保护 3 个维度。样本中中小学学生网络媒介素养得分均值为 3.796，位居 3 个指标均值的第 2 位。

2. 维度比较

在批判获取能力、整合交流能力和自我保护能力 3 个维度中，批判获取能力均值最高，达到 3.817；自我保护能力均值最低，为 3.773；整合交流能力均值居中（图 3-6）。

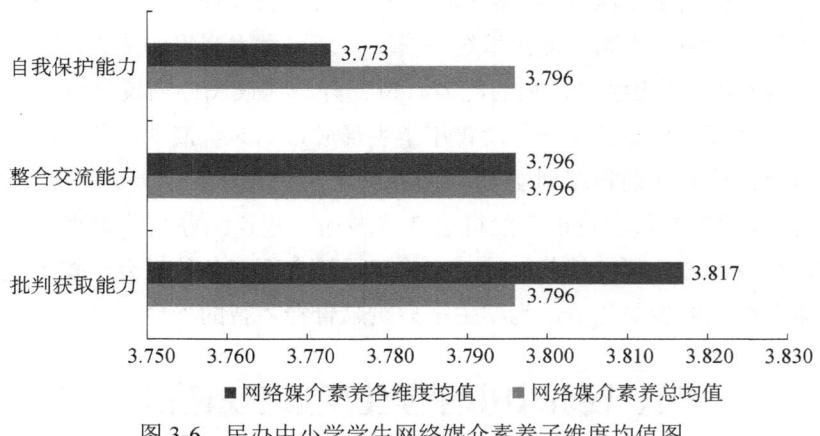

图 3-6　民办中小学学生网络媒介素养子维度均值图

从调研结果看，全国民办中小学学生的网络媒介素养位居 3 个指标均值的第 2 位，表明全国民办中小学学生网络媒介素养整体水平较好。但自我保护能力子维度均值稍低，表明民办中小学学生筛选网络信息、避免不良信息干扰、保护自身的能力有待提升。

（二）学习能力

1. 总体情况

民办中小学学生学习能力整体状况一般。本测量指标分为学业能力、应对能力和社交能力 3 个维度。样本中中小学学生学习能力得分均值为 3.530，位居 3 个指标均值的第 3 位。

2. 维度比较

在学业能力、应对能力和社交能力 3 个维度中，社交能力均值最高，达到 3.570；学业能力均值最低，为 3.510；应对能力均值居中（图 3-7）。

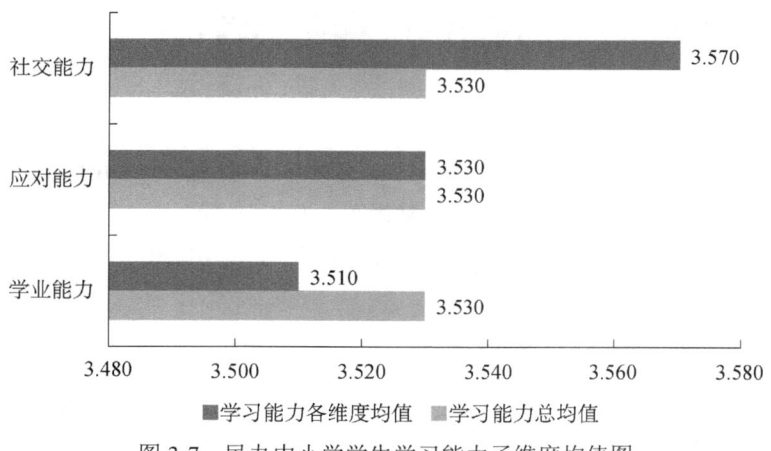

图 3-7　民办中小学学生学习能力子维度均值图

从调研结果看，全国民办中小学学生的学习能力位居 3 个指标均值的第 3 位，表明全国民办中小学学生学习能力整体水平一般。其中，学业能力子维度均值稍低，表明民办中小学学生的学业能力有待提升。

（三）获得感

1. 总体情况

民办中小学学生获得感整体状况很好。本测量指标分为参与感、认同感、成就感和幸福感 4 个维度。样本中中小学学生获得感得分均值为 4.022，位居 3 个指标均值的首位。

2. 维度比较

在参与感、认同感、成就感和幸福感 4 个维度中，幸福感均值最高，达到 4.127；参与感均值最低，为 3.845（图 3-8）；成就感、认同感均值分别排在第 2 位、第 3 位。

从调研结果看，全国民办中小学学生的获得感位居 3 个指标均值之首，表明全国民办中小学学生获得感整体水平很好。其中参与感子维度均值稍低，表明民办中小学学生参与学校事务的机会有待增加。

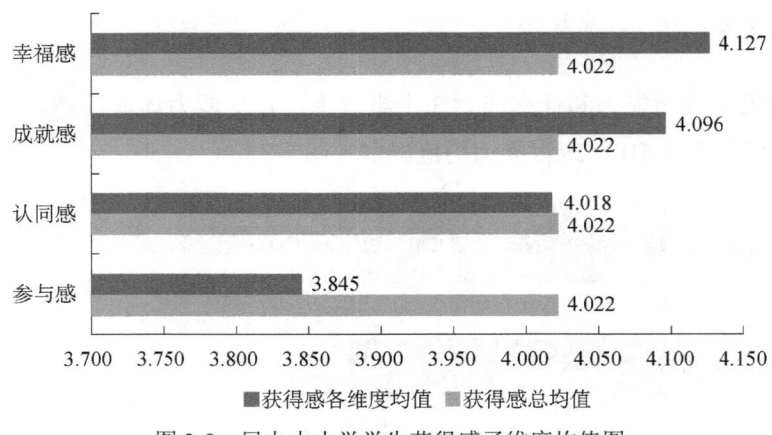

图 3-8　民办中小学学生获得感子维度均值图

（四）小结

总体上，全国民办中小学学生发展状况良好，获得感和网络媒介素养均值较高，情况较好，但在以下几个方面还有提升空间。

1）民办中小学学生筛选网络信息、保护自我的能力有待提升。建议民办中小学重视"互联网+教育"对提高学生深度学习的意义，重视学生自我保护能力对其身心健康发展的重大影响，通过教师辅导、小组交流等形式，切实提高学生避免不良网络信息干扰的能力，提高中小学生的自我保护能力。

2）民办中小学学生学习能力有待提升。建议民办中小学高度重视学生学习能力对学生成绩的影响，通过学习理论、学习方法的讲座与辅导等，帮助中小学生掌握科学、正确的学习方法，培养学生良好的学习习惯，提升学生的学习能力。

3）民办中小学学生参与学校事务及活动的机会有待增加。建议民办中小学重视赋权学生参与学校作息时间制订、制度规范制订、校园文化建设等方面事务的机会，鼓励学生积极参与学校组织的各种活动，激发学生参与学校事务及活动的热情，提高学生的校园参与感。

第二部分

民办学校师生能力发展报告

第四章 民办学校教师能力发展

> **内容提要**
> 本章调查了全国东、中、西部民办高校和民办中小学教师的能力发展情况，运用数据和图形展示了民办学校教师网络媒介素养和职场活力的发展情况。

一、民办学校教师网络媒介素养

教师网络媒介素养是检验民办学校教师职业能力发展的基础性指标。这是因为民办学校教师作为信息的吸收者和传递者，其信息能力的好坏直接关系到教学效果和科研成果的好坏，提高网络媒介素养是应对信息冗余的有效手段。

媒介（media）一词来自拉丁文"medius"，为中介、中间的意思，是使双方发生关系的人或事物。媒介存在于一切事物及其相互作用的运动中。传播媒介，即传播意义的媒介，是指承载、传递、获取信息的物理形式或物理工具。人类社会建立在人们利用符号进行互动的基础上，作为承载与交流人类思想的特殊工具系统的传播媒介，其不仅反映了人类活动的现状和水平，而且决定和影响着人类活动的能力和范围。[①]

网络媒介素养是指人们正确理解、建设性地享用网络传播资源，具有健康的网络媒介批评能力，能够充分利用网络媒介资源完善自我，参与社会发展的素养。高校教师的网络媒介素养是指高校教师在掌握网络信息选择力、理解力、质疑力、评估力、创造生产力和思辨反应力的同时，建设性享用网络媒介资源，充分挖掘网络媒介教育功能的素质和修养。[②]网络媒介素养的核心是网络信息素养。

本书研究发现：

在民办高校教师样本中，东部、中部地区教师的相关能力普遍强于西部地区教师；本科院校教师的相关能力普遍强于专科院校教师；男教师的相关能力普遍强于女教师；全职教师的相关能力普遍强于兼职教师；博士研究生学历教师的相关能力普遍强于博士研究生

---

① 董天策，杜骏飞. 网络新闻传播学（第3版）[M]. 福州：福建人民出版社，2009：27.
② 彭少健. 2014中国媒介素养研究报告 [M]. 北京：中国广播电视出版社，2014：459.

以下学历教师；低教龄教师的相关能力普遍强于高教龄教师；任教艺术类学科的教师的相关能力普遍强于任教其他类学科的教师；课时多的教师的相关能力普遍强于课时少的教师。

在中小学教师样本中，东部地区教师的相关能力普遍强于中部、西部地区教师；小学教师的相关能力普遍强于中学教师；全职教师的相关能力普遍强于兼职教师；硕士研究生学历教师的相关能力普遍强于其他学历教师；小教职称教师的相关能力普遍强于中教职称教师；周课时在10～15课时的教师的相关能力普遍强于其他周课时的教师；收支略有富余的教师的相关能力普遍强于其他收支水平的教师。

（一）民办高校教师网络媒介素养

在信息获取能力、信息评价能力和信息创建能力3个维度中，民办高校教师的信息创建能力均值最高，达到3.993；信息评价能力均值最低，为3.935；信息获取能力均值居中（图4-1）。

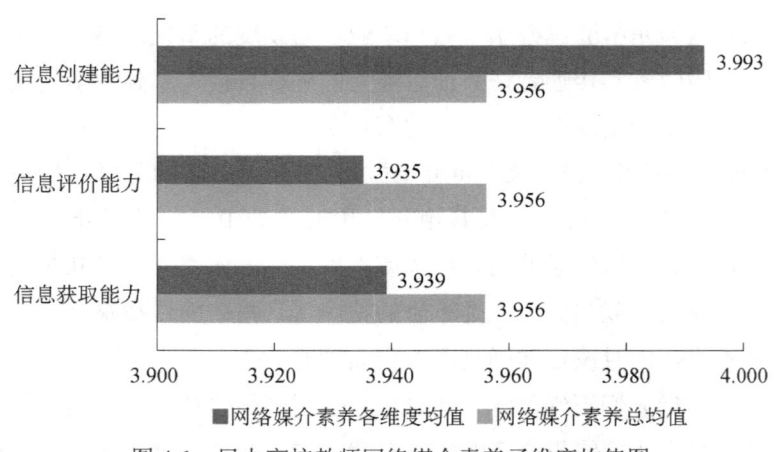

图4-1 民办高校教师网络媒介素养子维度均值图

1. 信息获取能力

（1）基本情况

信息获取能力是指获取高效率和高质量信息的能力。对信息工具、检索方法的掌握程度直接影响信息获取的效率和质量。信息能力主要包括信息接受力、信息捕捉力、信息吸收力、信息检索力。

民办高校教师的信息获取能力状况一般，均值为3.939，在网络媒介素养各维度中均值居中。

（2）差异分析

1）地区

通过差异显著性水平检验发现，不同地区民办高校教师的信息获取能力存在显著差异（$p=0.001***<0.01$）。

在不同地区教师分组比较中，东部地区民办高校教师的信息获取能力（$M=3.946$）明显强于中部地区（$M=3.942$）和西部地区教师（$M=3.864$），其中西部地区民办高校教师的信息获取能力稍弱。

2）办学层次

通过差异显著性水平检验发现，不同办学层次学校民办高校教师的信息获取能力存在显著差异（$p=0.000***<0.001$）。

在不同办学层次学校教师分组比较中，民办本科学校教师信息获取能力（$M=3.956$）明显强于民办专科学校教师（$M=3.897$）。

3）性别

通过差异显著性水平检验发现，不同性别民办高校教师的信息获取能力存在显著差异（$p=0.000***<0.001$）。

在不同性别教师分组比较中，民办高校男教师的信息获取能力（$M=3.984$）明显强于女教师（$M=3.914$）。

4）身份

通过差异显著性水平检验发现，不同任职身份民办高校教师的信息获取能力存在显著差异（$p=0.000***<0.001$）。

在不同任职身份教师分组比较中，民办高校全职教师的信息获取能力（$M=3.949$）明显强于兼职教师（$M=3.800$）。

5）学历

通过差异显著性水平检验发现，不同学历民办高校教师的信息获取能力存在显著差异（$p=0.000***<0.001$）。

在不同学历教师分组比较中，民办高校博士研究生学历教师的信息获取能力（$M=4.045$）明显强于博士研究生以下学历教师，总体上基本呈现出学历越高信息获取能力越强的趋势。

6）教龄

通过差异显著性水平检验发现，不同教龄民办高校教师的信息获取能力存在显著差异（$p=0.044*<0.05$）。

在不同教龄教师分组比较中，教龄在1～5年的民办高校教师的信息获取能力（$M=3.949$）明显强于教龄更长的教师，总体上基本呈现出教龄越短信息获取能力越强的趋势。

7）学科

通过差异显著性水平检验发现，不同任教学科民办高校教师的信息获取能力存在显著差异（p=0.000***<0.001）。

在不同任教学科教师分组比较中，任教艺术类学科的民办高校教师的信息获取能力（M=4.009）明显强于任教其他类学科的教师，农医类教师的信息获取能力（M=3.871）稍弱。

8）周课时

通过差异显著性水平检验发现，不同周课时民办高校教师的信息获取能力存在显著差异（p=0.044*<0.05）。

在不同周课时教师分组比较中，周课时超过 30 课时的民办高校教师的信息获取能力（M=3.969）明显强于其他周课时的教师（M=3.915），总体上呈现周课时越多信息获取能力越强的趋势。

9）收支情况

通过差异显著性水平检验发现，不同收支情况民办高校教师的信息获取能力存在显著差异（p=0.001**<0.01）。

在不同收支情况教师分组比较中，收支很富余的民办高校教师的信息获取能力（M=4.058）明显强于其他教师，总体上呈现教师收支越富余信息获取能力越强的趋势。

（3）结论

1）东部地区民办高校教师的信息获取能力明显强于中部地区和西部地区教师，其中，西部地区民办高校教师的信息获取能力稍弱。

2）民办本科学校教师的信息获取能力明显强于专科学校教师。

3）民办高校男教师的信息获取能力明显强于女教师。

4）民办高校全职教师的信息获取能力明显强于兼职教师。

5）民办高校博士研究生学历教师的信息获取能力明显强于博士研究生以下学历教师，总体上基本呈现学历越高信息获取能力越强的趋势。

6）教龄在 1～5 年的民办高校教师的信息获取能力明显强于教龄更长的教师，总体上基本呈现教龄越短信息获取能力越强的趋势。

7）任教艺术类学科的民办高校教师的信息获取能力明显强于任教其他类学科的教师，农医类教师的信息获取能力稍弱。

8）周课时超过 30 课时的民办高校教师的信息获取能力明显强于其他周课时的教师，总体上呈现周课时越多信息获取能力越强的趋势。

9）收支很富余的民办高校教师的信息获取能力明显强于其他教师，总体上呈现教师收支越富余信息获取能力越强的趋势。

2. 信息评价能力

（1）基本情况

信息评价能力是指对评价的信息进行分析、鉴别、判断的综合分析能力。综合分析能力实质上是信息处理的高级能力。[①]

民办高校教师的信息评价能力不强，均值为3.935，在网络媒介素养各维度中均值最低。

（2）差异分析

1）地区

通过差异显著性水平检验发现，不同地区民办高校教师的信息评价能力存在显著差异（$p=0.000***<0.001$）。

在不同地区教师分组比较中，中部地区民办高校教师的信息评价能力（$M=3.957$）明显强于东部地区（$M=3.939$）和西部地区教师（$M=3.863$），其中，西部地区民办高校教师的信息评价能力稍弱。

2）办学层次

通过差异显著性水平检验发现，不同办学层次学校民办高校教师的信息评价能力存在显著差异（$p=0.000***<0.001$）。

在不同办学层次学校教师的分组比较中，民办本科学校教师的信息评价能力（$M=3.950$）明显强于专科学校教师（$M=3.897$）。

3）性别

通过差异显著性水平检验发现，不同性别民办高校教师信息评价能力存在显著差异（$p=0.000***<0.001$）。

在不同性别教师分组比较中，民办高校男教师的信息评价能力（$M=3.981$）明显强于女教师（$M=3.910$）。

4）身份

通过差异显著性水平检验发现，不同任职身份民办高校教师的信息评价能力存在显著差异（$p=0.000***<0.001$）。

在不同任职身份教师分组比较中，民办高校全职教师的信息评价能力（$M=3.943$）明显强于兼职教师（$M=3.815$）。

5）学历

通过差异显著性水平检验发现，不同学历民办高校教师的信息评价能力存在显著差异（$p=0.000***<0.001$）。

---

① 冯仿娅. 领导干部信息能力建设理论与实践[M]. 北京：中共中央党校出版社，2007：103.

在不同学历教师分组比较中，民办高校博士研究生学历教师的信息评价能力（$M=4.003$）明显强于博士研究生以下学历教师，总体上基本呈现学历越高信息评价能力越强的趋势。

6）教龄

通过差异显著性水平检验发现，不同教龄民办高校教师的信息评价能力存在显著差异（$p=0.044*<0.05$）。

在不同教龄教师分组比较中，教龄在1～5年的民办高校教师的信息评价能力（$M=3.957$）明显强于教龄更长的教师，总体上基本呈现教龄越短信息评价能力越强的趋势。

7）职称

通过差异显著性水平检验发现，不同职称民办高校教师的信息评价能力存在显著差异（$p=0.019*<0.05$）。

在不同职称教师分组比较中，初级职称民办高校教师的信息评价能力（$M=3.966$）明显强于另外几类职称的教师，其中，副高级职称教师的信息评价能力（$M=3.893$）稍弱。

8）学科

通过差异显著性水平检验发现，不同任教学科民办高校教师的信息评价能力存在显著差异（$p=0.000***<0.001$）。

在不同任教学科教师分组比较中，任教艺术类学科的民办高校教师的信息评价能力（$M=4.037$）明显强于另外几类教师，其中，任教其他类学科的教师的信息评价能力（$M=3.862$）稍弱。

9）周课时

通过差异显著性水平检验发现，不同周课时民办高校教师的信息评价能力存在显著差异（$p=0.003**<0.01$）。

在不同周课时教师分组比较中，周课时超过30课时民办高校教师的信息评价能力（$M=3.963$）明显强于其他周课时教师，总体上呈现周课时越多信息评价能力越强的趋势。

（3）结论

1）中部地区民办高校教师的信息评价能力明显强于东部地区和西部地区教师，其中，西部地区民办高校教师的信息评价能力稍弱。

2）民办本科学校教师的信息评价能力明显强于专科学校教师。

3）民办高校男教师的信息评价能力明显强于女教师。

4）民办高校全职教师的信息评价能力明显强于兼职教师。

5）民办高校博士研究生学历教师的信息评价能力明显强于博士研究生以下学历教师，总体上基本呈现学历越高信息评价能力越强的趋势。

6）教龄在 1～5 年的民办高校教师的信息评价能力明显强于教龄更长的教师，总体上基本呈现教龄越短信息评价能力越强的趋势。

7）在不同职称教师分组比较中，初级职称民办高校教师的信息评价能力明显强于其他几类职称的教师，其中，副高级职称教师的信息评价能力稍弱。

8）任教艺术类学科的民办高校教师的信息评价能力明显强于另外几类教师，任教其他类学科的教师的信息评价能力稍弱。

9）周课时超过 30 课时的民办高校教师的信息评价能力明显强于其他周课时的教师，总体上呈现周课时越多信息评价能力越强的趋势。

3. 信息创建能力

（1）基本情况

信息创建能力是指产生新信息、媒体内容和新知识的能力。

民办高校教师信息创建能力很好，均值为 3.993，在网络媒介素养各维度中均值最高。

（2）差异分析

1）地区

通过差异显著性水平检验发现，不同地区民办高校教师的信息创建能力存在显著差异（$p=0.000^{***}<0.001$）。

在不同地区教师分组比较中，东部地区民办高校教师的信息创建能力（$M=4.001$）明显强于中部地区（$M=3.991$）和西部地区（$M=3.915$）教师，其中，西部地区民办高校教师的信息创建能力稍弱。

2）办学层次

通过差异显著性水平检验发现，不同办学层次学校民办高校教师的信息创建能力存在显著差异（$p=0.000^{***}<0.001$）。

在不同办学层次学校教师分组比较中，民办本科学校教师的信息创建能力（$M=4.012$）明显强于专科学校教师（$M=3.949$）。

3）性别

通过差异显著性水平检验发现，不同性别民办高校教师的信息创建能力存在显著差异（$p=0.001^{**}<0.01$）。

在不同性别教师分组比较中，民办高校男教师的信息创建能力（$M=4.020$）明显强于女教师（$M=3.979$）。

4）身份

通过差异显著性水平检验发现，不同任职身份民办高校教师的信息创建能力存在显著差异（p=0.000***<0.001）。

在不同任职身份教师分组比较中，民办高校全职教师的信息创建能力（M=4.005）明显强于兼职教师（M=3.832）。

5）学历

通过差异显著性水平检验发现，不同学历民办高校教师的信息创建能力存在显著差异（p=0.000***<0.001）。

在不同学历教师分组比较中，民办高校博士研究生学历教师的信息创建能力（M=4.039）明显强于博士研究生以下学历教师，总体上基本呈现学历越高信息创建能力越强的趋势。

6）教龄

通过差异显著性水平检验发现，不同教龄民办高校教师的信息创建能力存在显著差异（p=0.003**<0.01）。

在不同教龄教师分组比较中，教龄在6～10年的民办高校教师的信息创建能力（M=4.004）明显强于教龄更长的教师，总体上基本呈现教龄越短信息创建能力越强的趋势。

7）职称

通过差异显著性水平检验发现，不同职称民办高校教师的信息创建能力存在显著差异（p=0.028*<0.05）。

在不同职称教师分组比较中，初级职称民办高校教师的信息创建能力（M=4.015）明显强于其他几类职称的教师，其中，无职称教师的信息创建能力稍弱。

8）学科

通过差异显著性水平检验发现，不同任教学科民办高校教师的信息创建能力存在显著差异（p=0.000***<0.001）。

在不同任教学科教师分组比较中，任教艺术类学科的民办高校教师的信息创建能力（M=4.087）明显强于另外几类教师，其中，任教其他类学科的教师的信息创建能力（M=3.912）稍弱。

9）周课时

通过差异显著性水平检验发现，不同周课时民办高校教师的信息创建能力存在显著差异（p=0.000***<0.001）。

在不同周课时教师分组比较中，周课时在16～30课时的民办高校教师的信息创建能力（M=4.020）明显强于其他周课时的教师。

（3）结论

1）东部地区民办高校教师的信息创建能力明显强于中部地区和西部地区教师，西部地区民办高校教师的信息创建能力稍弱。

2）民办本科高校教师的信息创建能力明显强于专科高校教师。

3）民办高校男教师的信息创建能力明显强于女教师。

4）民办高校全职教师的信息创建能力明显强于兼职教师。

5）民办高校博士研究生学历教师的信息创建能力明显强于博士研究生以下学历教师，总体上基本呈现学历越高信息创建能力越强的趋势。

6）教龄在6~10年的民办高校教师的信息创建能力明显强于教龄更长的教师，总体上基本呈现教龄越短信息创建能力越强的趋势。

7）初级职称民办高校教师的信息创建能力明显强于其他几类职称的教师，无职称教师的信息创建能力稍弱。

8）任教艺术类学科的民办高校教师的信息创建能力明显强于另外几类教师，任教其他类学科的教师信息创建能力稍弱。

9）每周16~30课时的民办高校教师的信息创建能力明显强于其他周课时的教师。

（二）民办中小学教师网络媒介素养

在信息获取能力、信息评价能力和信息创建能力3个维度中，民办中小学教师的信息创建能力均值最高，达到4.030；信息评价能力均值最低，为3.966；信息获取能力均值居中（图4-2）。

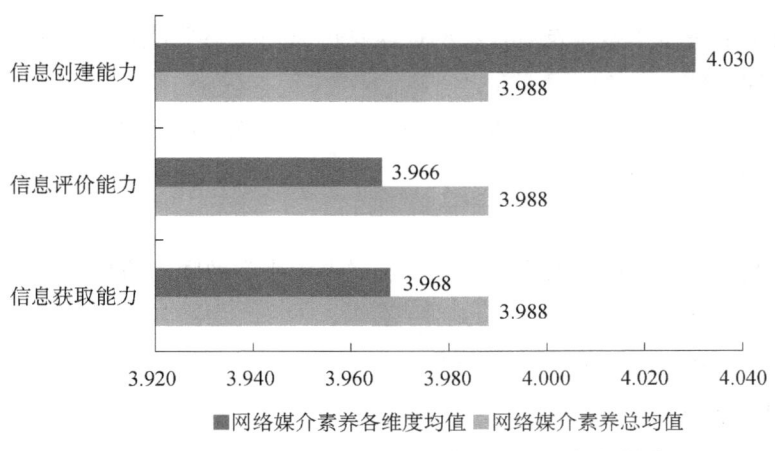

图4-2 民办中小学教师网络媒介素养子维度均值图

1. 信息获取能力

（1）基本情况

民办中小学教师的信息获取能力状况一般，均值为3.968，在网络媒介素养各维度中均值居中。

（2）差异分析

1）地区

通过差异显著性水平检验发现，不同地区民办中小学教师的信息获取能力存在显著差异（$p=0.000***<0.001$）。

在不同地区教师分组比较中，东部地区民办中小学教师的信息获取能力（$M=4.031$）明显强于西部地区（$M=3.730$）和中部地区（$M=3.630$）教师，其中，中部地区民办中小学教师的信息获取能力稍弱。

2）学校类型

通过差异显著性水平检验发现，不同类型民办中小学教师的信息获取能力存在显著差异（$p=0.000***<0.001$）。

在不同学校类型教师分组比较中，民办小学教师的信息获取能力（$M=4.024$）明显强于中学教师，其中，初中教师（$M=3.897$）的信息获取能力稍弱。

3）性别

通过差异显著性水平检验发现，不同性别民办中小学教师的信息获取能力存在显著差异（$p=0.01*<0.05$）。

在不同性别教师分组比较中，民办中小学女教师的信息获取能力（$M=3.986$）明显强于男教师（$M=3.927$）。

4）身份

通过差异显著性水平检验发现，不同任职身份民办中小学教师的信息获取能力存在显著差异（$p=0.000***<0.001$）。

在不同任职身份教师分组比较中，民办中小学全职教师的信息获取能力（$M=3.978$）明显强于兼职教师（$M=3.730$）。

5）学历

通过差异显著性水平检验发现，不同学历民办中小学教师的信息获取能力存在显著差异（$p=0.000***<0.001$）。

在不同学历教师分组比较中，民办中小学硕士研究生学历教师的信息获取能力（$M=4.077$）明显强于其他几类学历教师。

6）教龄

通过差异显著性水平检验发现，不同教龄民办中小学教师的信息获取能力存在显著差异（$p=0.000***<0.001$）。

在不同教龄教师分组比较中，教龄在1～5年的民办中小学教师的信息获取（$M=4.010$）明显强于教龄更长的教师，总体上基本呈现教龄越短信息获取能力越强的趋势。

7）职称

通过差异显著性水平检验发现，不同职称民办中小学教师的信息获取能力存在显著差异（$p=0.000***<0.001$）。

在不同职称教师分组比较中，小教二级职称民办中小学教师的信息获取能力（$M=4.082$）明显强于其他几类职称的教师，总体上小教职称教师的信息获取能力普遍高于中教职称教师。

8）周课时

通过差异显著性水平检验发现，不同周课时民办中小学教师的信息获取能力存在显著差异（$p=0.000***<0.001$）。

在不同周课时教师分组比较中，周课时在10～15课时民办中小学教师的信息获取能力（$M=4.029$）明显强于其他周课时的教师，其中，周课时超过30课时的教师的信息获取能力（$M=3.781$）稍弱。

9）收支情况

通过差异显著性水平检验发现，不同收支情况民办中小学教师的信息获取能力存在显著差异（$p=0.000***<0.001$）。

在不同收支情况教师分组比较中，收支略有富余的民办中小学教师的信息获取能力（$M=4.209$）明显强于其他收支水平的教师，其中，收支很不足的教师的信息获取能力（$M=3.820$）稍弱。

（3）结论

1）东部地区民办中小学教师的信息获取能力明显强于西部地区和中部地区教师，中部地区民办中小学教师的信息获取能力稍弱。

2）民办小学教师的信息获取能力明显强于民办中学教师，民办初中教师的信息获取能力稍弱。

3）民办中小学女教师的信息获取能力明显强于男教师。

4）民办中小学全职教师的信息获取能力明显强于兼职教师。

5）民办中小学硕士研究生学历教师的信息获取能力明显强于其他几类学历的教师。

6）教龄在1～5年的民办中小学教师的信息获取能力明显强于教龄更长的教师，总体上基本呈现教龄越短信息获取能力越强的趋势。

7）小教二级职称民办中小学教师的信息获取能力明显强于其他几类职称的教师，总体上小教职称教师的信息获取能力普遍强于中教职称教师。

8）周课时在10～15课时的民办中小学教师的信息获取能力明显强于其他周课时的教师，周课时超过30课时的教师的信息获取能力稍弱。

9）收支略有富余的民办中小学教师的信息获取能力明显强于其他收支水平的教师，

收支很不足的教师的信息获取能力稍弱。

2. 信息评价能力

（1）基本情况

民办中小学教师的信息评价能力水平不高，均值为 3.966，在网络媒介素养各维度中均值最低。

（2）差异分析

1）地区

通过差异显著性水平检验发现，不同地区民办中小学教师的信息评价能力存在显著差异（$p=0.000***<0.001$）。

在不同地区教师分组比较中，东部地区（$M=4.020$）民办中小学教师的信息评价能力明显强于西部地区（$M=3.763$）和中部地区（$M=3.630$）教师，其中，中部地区民办中小学教师的信息评价能力稍弱。

2）学校类型

通过差异显著性水平检验发现，不同学校类型民办中小学教师的信息评价能力存在显著差异（$p=0.000***<0.001$）。

在不同学校类型教师分组比较中，民办小学教师的信息评价能力（$M=4.012$）明显强于中学教师，其中，民办初中教师的信息评价能力（$M=3.898$）稍弱。

3）身份

通过差异显著性水平检验发现，不同任职身份民办中小学教师的信息评价能力存在显著差异（$p=0.000***<0.001$）。

在不同任职身份教师分组比较中，民办中小学全职教师的信息评价能力（$M=3.976$）明显强于兼职教师（$M=3.747$）。

4）学历

通过差异显著性水平检验发现，不同学历民办中小学教师的信息评价能力存在显著差异（$p=0.000***<0.001$）。

在不同学历教师分组比较中，民办中小学硕士研究生学历教师的信息评价能力（$M=4.064$）明显强于其他几类学历的教师。

5）教龄

通过差异显著性水平检验发现，不同教龄民办中小学教师的信息评价能力存在显著差异（$p=0.000***<0.001$）。

在不同教龄教师分组比较中，教龄在 1～5 年的民办中小学教师的信息评价能力（$M=4.016$）明显强于教龄更长的教师，总体上基本呈现教龄越短信息评价能力越强的趋势。

6) 职称

通过差异显著性水平检验发现，不同职称民办中小学教师的信息评价能力存在显著差异（$p=0.001^{**}<0.01$）。

在不同职称教师分组比较中，小教一级职称民办中小学教师的信息评价能力（$M=4.050$）明显强于其他几类职称的教师，总体上小教职称教师的信息评价能力普遍高于中教职称教师。

7) 学科

通过差异显著性水平检验发现，不同任教学科民办中小学教师的信息评价能力差异不显著（$p=0.043^{*}<0.05$）。

在不同任教学科教师分组比较中，艺术类学科的民办中小学教师的信息评价能力（$M=4.051$）明显强于其他几类任教学科的教师。

8) 周课时

通过差异显著性水平检验发现，不同周课时民办中小学教师的信息评价能力存在显著差异（$p=0.000^{***}<0.001$）。

在不同周课时教师分组比较中，周课时在 10～15 课时民办中小学教师的信息评价能力（$M=4.015$）明显强于其他周课时的教师，其中，周课时超过 30 课时教师的信息评价能力（$M=3.856$）稍弱。

9) 收支情况

通过差异显著性水平检验发现，不同收支情况的民办中小学教师的信息评价能力存在显著差异（$p=0.000^{***}<0.001$）。

在不同收支情况教师分组比较中，收支略有富余的民办中小学教师的信息评价能力（$M=4.182$）明显强于其他收支水平的教师，其中，收支很不足的教师的信息评价能力（$M=3.851$）稍弱。

（3）结论

1) 东部地区民办中小学教师的信息评价能力明显强于西部地区和中部地区教师，中部地区民办中小学教师的信息评价能力稍弱。

2) 民办小学教师的信息评价能力明显强于中学教师，初中教师的信息评价能力稍弱。

3) 民办中小学全职教师的信息评价能力明显强于兼职教师。

4) 民办中小学硕士研究生学历教师的信息评价能力明显强于其他学历教师。

5) 教龄在 1～5 年的民办中小学教师的信息评价能力明显强于教龄更长的教师，总体上基本呈现教龄越短信息评价能力越强的趋势。

6）小教一级职称民办中小学教师的信息评价能力明显强于另外几类职称的教师，总体上小教职称教师的信息评价能力普遍强于中教职称教师。

7）艺术类学科的民办中小学教师的信息评价能力明显强于另外几类任教学科的教师。

8）周课时在10～15课时的民办中小学教师的信息评价能力明显强于其他周课时教师，周课时超过30课时的教师的信息评价能力稍弱。

9）收支略有富余的民办中小学教师的信息评价能力明显强于其他收支水平的教师，收支很不足的教师的信息评价能力稍弱。

3. 信息创建能力

（1）基本情况

民办中小学教师信息创建能力状况很好，均值为4.030，在网络媒介素养各维度中均值最高。

（2）差异分析

1）地区

通过差异显著性水平检验发现，不同地区民办中小学教师的信息创建能力存在显著差异（$p=0.000***<0.001$）。

在不同地区教师分组比较中，东部地区民办中小学教师的信息创建能力（$M=4.084$）明显强于西部地区（$M=3.825$）和中部地区（$M=3.630$）教师，其中，中部地区民办中小学教师的信息创建能力稍弱。

2）学校类型

通过差异显著性水平检验发现，不同学校类型民办中小学教师的信息创建能力存在显著差异（$p=0.000***<0.001$）。

在不同学校类型教师分组比较中，民办小学教师的信息创建能力（$M=4.064$）明显强于中学教师，其中，初中教师（$M=3.989$）的信息创建能力稍弱。

3）性别

通过差异显著性水平检验发现，不同性别民办中小学教师的信息创建能力存在显著差异（$p=0.029*<0.05$）。

在不同性别教师分组比较中，民办中小学女教师的信息创建能力（$M=4.044$）明显强于男教师（$M=3.997$）。

4）身份

通过差异显著性水平检验发现，不同任职身份民办中小学教师的信息创建能力存在显著差异（$p=0.000***<0.001$）。

在不同任职身份教师分组比较中，民办中小学全职教师的信息创建能力（M=4.040）明显强于兼职教师（M=3.787）。

5）学历

通过差异显著性水平检验发现，不同学历民办中小学教师的信息创建能力存在显著差异（p=0.000***<0.001）。

在不同学历教师分组比较中，民办中小学硕士研究生学历教师的信息创建能力（M=4.132）明显强于其他几类学历的教师。

6）教龄

通过差异显著性水平检验发现，不同教龄民办中小学教师的信息创建能力存在显著差异（p=0.000***<0.001）。

在不同教龄教师分组比较中，教龄在11～20年的民办中小学教师的信息创建能力（M=4.132）明显强于其他教龄的教师。

7）职称

通过差异显著性水平检验发现，不同职称民办中小学教师的信息创建能力存在显著差异（p=0.011*<0.05）。

在不同职称教师分组比较中，小教二级职称民办中小学教师的信息创建能力（M=4.083）明显强于其他几类职称的教师，总体上小教职称教师的信息创建能力普遍强于中教职称教师。

8）周课时

通过差异显著性水平检验发现，不同周课时民办中小学教师的信息创建能力存在显著差异（p=0.000***<0.001）。

在不同周课时教师分组比较中，周课时在10～15课时的民办中小学教师的信息创建能力（M=4.077）明显强于其他周课时的教师，其中，周课时超过30课时的教师的信息创建能力（M=3.887）稍弱。

9）收支情况

通过差异显著性水平检验发现，不同收支情况民办中小学教师信息创建能力存在显著差异（p=0.000***<0.001）。

在不同收支情况教师分组比较中，收支略有富余的民办中小学教师的信息创建能力（M=4.235）明显强于其他收支水平的教师，其中，收支很不足的教师的信息创建能力（M=3.924）稍弱。

（3）结论

1）东部地区民办中小学教师的信息创建能力明显强于西部地区和中部地区教师，中部地区民办中小学教师的信息创建能力稍弱。

2）民办小学教师的信息创建能力明显强于中学教师，初中教师的信息创建能力稍弱。

3）民办中小学女教师的信息创建能力明显强于男教师。

4）民办中小学全职教师的信息创建能力明显强于兼职教师。

5）民办中小学硕士研究生学历教师的信息创建能力明显强于其他几类学历的教师。

6）教龄在11～20年的民办中小学教师的信息创建能力明显强于其他教龄的教师。

7）小教二级职称民办中小学教师的信息创建能力明显强于其他几类职称的教师，总体上，小教职称教师的信息创建能力普遍强于中教职称教师。

8）周课时在10～15课时的民办中小学教师的信息创建能力明显强于其他周课时的教师，周课时超过30课时的教师的信息创建能力稍弱。

9）收支略有富余的民办中小学教师的信息创建能力明显强于其他收支水平的教师，收支很不足的教师的信息创建能力稍弱。

二、民办学校教师职场活力

职场活力是组织行为学领域新兴的研究取向之一，也是测量教师职业发展状态的前沿指标。拥有较高职场活力水平的教师，其在职业生涯中能够表现出更加良好的精神状态，更富有创造性，并能在工作中与同事、学生保持更加良好的人际关系。

活力（vigor）是一种动态现象，包含生理和心理两个方面的功能。活力一词源于"生命"，指的是人们感到有生命的、热情的和有精神的。一个人只有在生理状况良好，心理整合而不是分裂，感到有意义、有目的性而不是感到失落、被隔离和无目标时才能感受到活力。①

职场活力（work-related vigor）是个体在工作场景中所体验到的一种中等强度的、积极的情感状态，它是个体对自己拥有身体力量（physical strength）、认知活力（cognitive liveliness）和情绪能量（emotional energy）三种身体状态的认知，并感受到由这三种身体状态组合形成的一种相互关联的情感体验。②其中，身体力量表示个体在应对日常任务时所表现出来的较高水平的身体能量，认知活力则表示个体思维的创造性与流畅性程度，而情绪能量表示个体在与客户和顾客的交往中投入情绪的能力。③

---

① 郑雪. 人格心理学 [M]. 广州：暨南大学出版社，2017：314.
② 王静，任慧，韩娟. 中小学教师职场活力现状及应对方式的关系研究 [J]. 现代中小学教育，2018（4）：72.
③ Shraga O, Shirom A. The construct validity of vigor and its antecedents: A qualitative study [J]. Human Relations, 2009, 62（2）：271-291.

本书研究发现：

在民办高校教师样本中，职场活力均值中情绪能量>认知活力>身体力量，不同特征教师群体在三个维度上变化趋势相同的有：60岁以上民办高校教师的相关活力水平明显高于其他年龄教师，总体上教师的相关活力水平与年龄的关系基本呈"V"型，其中36~40岁教师的相关活力稍弱；不同职务民办高校教师间的相关活力不存在显著差异。不同特征教师群体在三个维度上变化趋势明显不同的有：全职民办高校教师的身体力量、认知活力明显强于兼职教师，但情绪能量明显弱于兼职教师；专科及以下学历教师的身体力量明显强于其他学历教师，但认知活力、情绪能量明显弱于其他学历教师。

在中小学教师样本中，职场活力均值中情绪能量>认知活力>身体力量，不同特征教师群体在三个维度上变化趋势相同的有：民办小学教师的相关活力水平明显高于初中、高中教师；每周30课时以上教师的相关活力水平明显弱于课时较少的教师；收支情况为略有富余的民办中小学教师的相关活力水平明显高于其他收支情况的教师，总体上基本呈现收支越富余相关活力水平越高的趋势，收支情况很富余的教师的相关活力有所回落。不同特征教师群体在三个维度上变化趋势明显不同的有：男教师的身体力量、情绪能量明显强于女教师，但认知活力弱于女教师。

（一）民办高校教师职场活力

在身体力量、认知活力和情绪能量三个维度中，民办高校教师的情绪能量均值最高，达到4.002；身体力量均值最低，为3.314；认知活力均值居中（图4-3）。

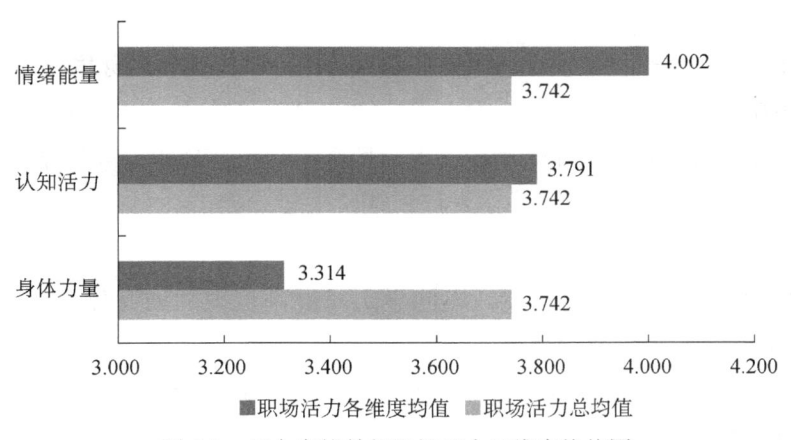

图4-3 民办高校教师职场活力子维度均值图

1. **身体力量**

（1）基本情况

身体力量是指精神饱满、精力充沛的身体状况，以及个体是否经常感到疲累，也就是个体在应对日常任务时所表现出来的较高水平的身体能量。①

民办高校教师的身体力量状况不佳，均值为 3.314，在职场活力各维度中均值最低。

（2）差异分析

1）地区

通过差异显著性水平检验发现，不同地区民办高校教师的身体力量存在显著差异（$p=0.000***<0.001$）。

在不同地区教师分组比较中，西部地区民办高校教师的身体力量（$M=3.516$）明显强于东部地区（$M=3.295$）和中部地区（$M=3.312$）教师，其中，东部地区民办高校教师的身体力量稍弱。

2）办学层次

通过差异显著性水平检验发现，不同办学层次学校民办高校教师的身体力量存在显著差异（$p=0.000***<0.001$）。

在不同办学层次学校教师分组比较中，民办专科学校教师的身体力量（$M=3.411$）明显强于本科学校教师（$M=3.274$）。

3）性别

通过差异显著性水平检验发现，不同性别民办高校教师的身体力量存在显著差异（$p=0.000***<0.001$）。

在不同性别教师分组比较中，民办高校男教师的身体力量（$M=3.399$）明显强于女教师（$M=3.269$）。

4）身份

通过差异显著性水平检验发现，不同任职身份民办高校教师的身体力量存在显著差异（$p=0.001**<0.01$）。

在不同任职身份教师分组比较中，民办高校全职教师的身体力量（$M=3.943$）明显强于兼职教师（$M=3.815$）。

5）学历

通过差异显著性水平检验发现，不同学历民办高校教师的身体力量存在显著差异（$p=0.000***<0.001$）。

在不同学历教师分组比较中，民办高校专科及以下学历教师的身体力量（$M=3.631$）明显强于其他学历教师。

6）教龄

通过差异显著性水平检验发现，不同教龄民办高校教师的身体力量存在显著差异

---

① Shraga O，Shirom A. The construct validity of vigor and its antecedents: A qualitative study [J]. Human Relations，2009，62（2）：271-291.

（p=0.000***<0.001）。

在不同教龄教师分组比较中，教龄在 31 年以上的民办高校教师的身体力量（M=3.497）明显强于教龄较小的教师，总体上，教师身体力量与教龄基本呈"V"型关系，教龄为 11~20 年的教师的身体力量（M=3.169）稍弱，教龄更小或更大的教师的身体力量较强。

7）年龄

通过差异显著性水平检验发现，不同年龄民办高校教师的身体力量存在显著差异（p=0.000***<0.001）。

在不同年龄教师分组比较中，60 岁以上民办高校教师的身体力量（M=3.674）明显强于其他周课时的教师，总体上，教师的身体力量与年龄基本呈"V"型关系，36~40 岁教师的身体力量（M=3.178）稍弱。

8）本校工作年限

通过差异显著性水平检验发现，不同工作年限民办高校教师的身体力量存在显著差异（p=0.000***<0.001）。

在不同本校工作年限教师分组比较中，工作年限为 1~5 年的民办高校教师的身体力量（M=3.422）明显强于其他工作年限教师，总体上，教师身体力量与年龄基本呈"V"型关系，其中，工作年限 11~15 年教师的身体力量（M=3.126）稍弱。

9）职称

通过差异显著性水平检验发现，不同职称民办高校教师的身体力量存在显著差异（p=0.000***<0.001）。

在不同职称教师分组比较中，正高级职称民办高校教师的身体力量（M=3.558）明显强于其他几类职称的教师，总体上，教师身体力量与教龄基本呈"V"型关系，其中，中级职称教师（M=3.207）和副高级职称教师（M=3.207）的身体力量稍弱，职称更低或更高教师的身体力量越强。

10）职务

通过差异显著性水平检验发现，不同职务民办高校教师的身体力量存在显著差异（p=0.000***<0.001）。

在不同职务教师分组比较中，专职科研的民办高校教师的身体力量（M=3.589）明显强于专职教学的民办高校教师（M=3.306），专职教学教师的身体力量稍弱。

11）学科

通过差异显著性水平检验发现，不同任教学科民办高校教师的身体力量存在显著差异（p=0.000***<0.001）。

在不同任教学科教师分组比较中，任教农医类民办高校教师的身体力量（M=3.432）

明显强于其他几类教师,其中,任教人文社科类学科的教师的身体力量（$M=3.233$）稍弱。

12）周课时

通过差异显著性水平检验发现,不同周课时的民办高校教师的身体力量存在显著差异（$p=0.000^{***}<0.001$）。

在不同周课时教师分组比较中,周课时超过 30 课时的民办高校教师的身体力量（$M=3.427$）明显强于其他周课时的教师,周课时 16～30 课时的民办高校教师的身体力量（$M=3.267$）稍弱。

13）本学期承担课程门数

通过差异显著性水平检验发现,不同课程门数民办高校教师的身体力量存在显著差异（$p=0.000^{***}<0.001$）。

在不同课程门数教师分组比较中,承担 0 门课程即非任课民办高校教师的身体力量（$M=3.383$）明显强于任课教师,总体上基本呈现出承担课程门数越多身体力量越弱的趋势。

14）上班单程所花费时间

通过差异显著性水平检验发现,不同上班单程所花费时间的民办高校教师的身体力量存在显著差异（$p=0.000^{***}<0.001$）。

在不同单程上班时间教师分组比较中,需要花费半小时以内的民办高校教师的身体力量（$M=3.379$）明显强于其他单程上班时间的教师,总体上,教师身体力量与上班单程花费时间基本呈"V"型关系,上班单程需要 1～2 小时的民办高校教师的身体力量（$M=3.200$）稍弱。

15）收支情况

通过差异显著性水平检验发现,不同收支情况民办高校教师的身体力量存在显著差异（$p=0.000^{***}<0.001$）。

在不同收支情况教师分组比较中,收支情况为很富余的民办高校教师的身体力量（$M=3.952$）明显强于其他收支情况的教师,总体上基本呈现出收支越富余身体力量越强的趋势。

（3）结论

1）西部地区民办高校教师的身体力量明显强于东部地区和中部地区教师,东部地区民办高校教师的身体力量稍弱。

2）民办专科学校教师的身体力量明显强于本科学校教师。

3）民办高校男教师的身体力量明显强于女教师。

4）民办高校全职教师的身体力量明显强于兼职教师。

5）民办高校专科及以下学历教师的身体力量明显强于其他学历教师。

6）教龄在 31 年以上的民办高校教师的身体力量明显强于教龄更小的教师，总体上，教师身体力量与教龄基本呈"V"型关系，其中，教龄为 11～20 年的教师的身体力量稍弱。

7）60 岁以上民办高校教师身体力量明显强于其他周课时教师，总体上，教师身体力量与年龄基本呈"V"型关系，36～40 岁教师身体力量稍弱。

8）工作年限为 1～5 年的民办高校教师的身体力量明显强于其他工作年限的教师，总体上，教师身体力量与年龄基本呈"V"型关系，其中，工作年限 11～15 年教师的身体力量稍弱。

9）正高级职称民办高校教师的身体力量明显强于另外几类职称的教师，总体上，教师的身体力量与教龄基本呈"V"型关系，中级职称教师和副高级职称教师的身体力量稍弱。

10）专职科研的民办高校教师的身体力量明显强于专职教学民办高校教师，专职教学教师的身体力量稍弱。

11）任教农医类民办高校教师的身体力量明显强于其他几类教师，任教人文社科类学科的教师身体力量稍弱。

12）周课时超过 30 课时的民办高校教师的身体力量明显强于其他周课时的教师，周课时 16～30 课时的民办高校教师的身体力量稍弱。

13）非任课民办高校教师的身体力量明显强于任课教师，总体上基本呈现出承担课程门数越多身体力量越弱的趋势。

14）上班单程需要花费半小时以内的民办高校教师的身体力量明显强于其他上班单程时间的教师，总体上，教师身体力量与上班单程花费时间基本呈"V"型关系，上班单程需要 1～2 小时的民办高校教师的身体力量稍弱。

15）收支情况很富余的民办高校教师的身体力量明显强于其他收支情况的教师，总体上基本呈现出收支越富余身体力量越强的趋势。

2. 认知活力

（1）基本情况

认知活力表示教师思维敏捷、快速思考、提出新想法的能力，也就是教师思维的创造性与流畅性程度。[①]

民办高校教师的认知活力状况一般，均值为 3.791，在职场活力各维度中均值排第 2。

---

① Shraga O, Shirom A. The construct validity of vigor and its antecedents: A qualitative study [J]. Human Relations, 2009, 62（2）: 271-291.

(2)差异分析

1)地区

通过差异显著性水平检验发现,不同地区民办高校教师的认知活力存在显著差异($p=0.008**<0.01$)。

在不同地区教师分组比较中,西部地区民办高校教师的认知活力水平($M=3.855$)明显高于东部地区($M=3.783$)和中部地区($M=3.808$)教师,其中,东部地区民办高校教师的认知活力稍弱。

2)性别

通过差异显著性水平检验发现,不同性别民办高校教师的认知活力存在显著差异($p=0.000***<0.001$)。

在不同性别教师分组比较中,民办高校男教师的认知活力水平($M=3.886$)明显高于女教师($M=3.741$)。

3)身份

通过差异显著性水平检验发现,不同任职身份民办高校教师的认知活力存在显著差异($p=0.011*<0.05$)。

在不同任职教师身份分组比较中,民办高校全职教师的认知活力水平($M=3.797$)明显高于兼职教师($M=3.719$)。

4)学历

通过差异显著性水平检验发现,不同学历民办高校教师的认知活力存在显著差异($p=0.000***<0.001$)。

在不同学历教师分组比较中,民办高校学士($M=3.841$)、博士学历教师($M=3.841$)的认知活力水平高于其他学历教师,专科及以下学历教师的认知活力水平($M=3.743$)稍弱。

5)教龄

通过差异显著性水平检验发现,不同教龄民办高校教师的认知活力存在显著差异($p=0.000***<0.001$)。

在不同教龄教师分组比较中,教龄在1～5年民办高校教师的认知活力水平($M=3.840$)高于其他教龄的教师,总体上基本呈现教龄越长教师的认知活力水平越低的趋势,教龄31年及以上教师的认知活力($M=3.800$)又有所回升。

6)年龄

通过差异显著性水平检验发现,不同年龄民办高校教师的认知活力存在显著差异($p=0.000***<0.001$)。

在不同年龄教师分组比较中,26～30岁($M=3.870$)、60岁以上($M=3.871$)民办高校教师的认知活力水平明显高于其他年龄教师,总体上,教师的认知活力与年龄基本呈"M"型关系,其中,36~40岁教师认知活力($M=3.741$)稍弱。

7) 本校工作年限

通过差异显著性水平检验发现,不同工作年限民办高校教师的认知活力差异显著($p=0.000***<0.001$)。

在不同工作年限教师分组比较中,工作年限为1~5年的民办高校教师的认知活力水平($M=3.841$)明显高于其他工作年限的教师,总体上基本呈现出工作年限越长教师认知活力越弱的趋势。

8) 职称

通过差异显著性水平检验发现,不同职称民办高校教师的认知活力存在显著差异($p=0.000***<0.001$)。

在不同职称教师分组比较中,正高级职称民办高校教师的认知活力水平($M=3.856$)明显高于其他几类职称的教师,总体上教师认知活力与教龄基本呈"V"型关系,中级职称教师的认知活力($M=3.748$)稍弱,职称更低或更高的教师认知活力较高。

9) 学科

通过差异显著性水平检验发现,不同任教学科民办高校教师的认知活力存在显著差异($p=0.000***<0.001$)。

在不同任教学科教师分组比较中,任教艺术类学科的民办高校教师的认知活力水平($M=3.946$)明显高于其他几类教师,其中,任教人文社科类学科的教师的认知活力水平($M=3.750$)稍弱。

10) 周课时

通过差异显著性水平检验发现,不同周课时民办高校教师的认知活力存在显著差异($p=0.000***<0.001$)。

在不同周课时教师分组比较中,周课时超过30课时的民办高校教师的认知活力水平($M=3.891$)明显高于其他周课时的教师,总体上基本呈现出课时越多教师的认知活力水平越高的趋势。

11) 收支情况

通过差异显著性水平检验发现,不同收支情况的民办高校教师的认知活力存在显著差异($p=0.001**<0.01$)。

在不同收支情况教师分组比较中,收支很富余的民办高校教师的认知活力水平($M=4.139$)明显高于其他收支情况的教师,总体上基本呈现出收支越富余认知活力越强的趋势。

(3) 结论

1) 西部地区民办高校教师的认知活力水平明显高于东部地区和中部地区教师,东部地区民办高校教师认知活力稍弱。

2) 民办高校男教师的认知活力水平明显高于女教师。

3) 民办高校全职教师的认知活力水平明显高于兼职教师。

4) 民办高校学士、博士学历教师的认知活力水平高于其他学历教师,专科及以下学历教师的认知活力稍弱。

5) 教龄在 1~5 年的民办高校教师的认知活力水平高于其余教龄的教师,总体上基本呈现出教龄越长教师认知活力水平越低的趋势,教龄 31 年及以上教师认知活力有所回升。

6) 60 岁以上民办高校教师的认知活力水平明显高于其他年龄教师,总体上,教师认知活力与年龄基本呈"M"型关系,其中,36~40 岁教师的认知活力稍弱。

7) 本校工作年限为 1~5 年的民办高校教师的认知活力水平明显高于其他本校工作年限的教师,总体上基本呈现出工作年限越长教师认知活力水平越低的趋势。

8) 正高级职称民办高校教师的认知活力水平明显高于另外几类职称的教师,总体上,教师认知活力与教龄基本呈"V"型关系,其中,中级职称教师的认知活力稍弱。

9) 任教艺术类学科的民办高校教师的认知活力水平明显高于另外几类教师,任教人文社科类学科的教师的认知活力稍弱。

10) 周课时超过 30 课时的民办高校教师的认知活力水平明显高于其他周课时的教师,总体上基本呈现出课时越多教师认知活力水平越高的趋势。

11) 收支很富余的民办高校教师的认知活力水平明显高于其他收支情况的教师,总体上基本呈现出收支越富余认知活力水平越高的趋势。

3. 情绪能量

(1) 基本情况

情绪能量是个体在与客户和顾客的交往中投入情绪的能力[①],也就是教师在与包括学生、同事在内的他人交往中共情同感、表现温暖等的能力。

民办高校教师的情绪能量状况较好,均值为 4.002,居职场活力各维度均值的首位。

(2) 差异分析

1) 办学层次

通过差异显著性水平检验发现,不同办学层次学校民办高校教师的情绪能量存在显著差异($p=0.000***<0.001$)。

---

① Shraga O, Shirom A. The construct validity of vigor and its antecedents: A qualitative study [J]. Human Relations, 2009, 62 (2): 271-291.

在不同办学层次学校教师分组比较中，民办本科高校教师的情绪能量（$M=4.016$）明显强于专科教师（$M=3.967$）。

2）身份

通过差异显著性水平检验发现，不同任职身份民办高校教师的情绪能量存在显著差异（$p=0.000^{***}<0.001$）。

在不同任职身份教师分组比较中，民办高校兼职教师的情绪能量（$M=3.831$）明显强于全职教师（$M=3.306$）。

3）学历

通过差异显著性水平检验发现，不同学历民办高校教师的情绪能量存在显著差异（$p=0.000^{***}<0.001$）。

在不同学历教师分组比较中，民办高校学士学历教师（$M=4.019$）、硕士学历教师（$M=4.016$）的情绪能量强于其余学历的教师，专科及以下学历教师（$M=3.811$）、其他学历教师（$M=3.811$）的情绪能量稍弱。

4）年龄

通过差异显著性水平检验发现，不同年龄民办高校教师的情绪能量存在显著差异（$p=0.000^{***}<0.001$）。

在不同年龄教师分组比较中，26～30岁（$M=4.034$）、60岁以上（$M=4.049$）民办高校教师情绪能量明显强于其他年龄教师，25岁及以下（$M=3.857$）、51～60岁（$M=3.965$）教师的情绪能量稍弱。

5）学科

通过差异显著性水平检验发现，不同任教学科民办高校教师的情绪能量存在显著差异（$p=0.000^{***}<0.001$）。

在不同任教学科教师分组比较中，任教艺术类学科的民办高校教师的情绪能量（$M=4.074$）明显强于其他几类教师，其中，任教农医类学科的教师的情绪能量（$M=3.932$）弱。

（3）结论

1）民办本科高校教师的情绪能量明显强于专科教师。

2）民办高校兼职教师的情绪能量明显强于全职教师。

3）民办高校学士、硕士学历教师的情绪能量强于其余学历的教师，专科及以下、其他学历教师的情绪能量稍弱。

4）26～30岁、60岁以上民办高校教师的情绪能量明显强于其他年龄教师，25岁及以下、51～60岁教师的情绪能量稍弱。

5）任教艺术类学科的民办高校教师的情绪能量明显强于其他几类教师，任教农医类学科的教师的情绪能量稍弱。

（二）民办中小学教师职场活力

在身体力量、认知活力和情绪能量3个维度中，民办中小学教师的情绪能量均值最高，达到4.047；身体力量均值最低，为3.415；认知活力均值居中（图4-4）。

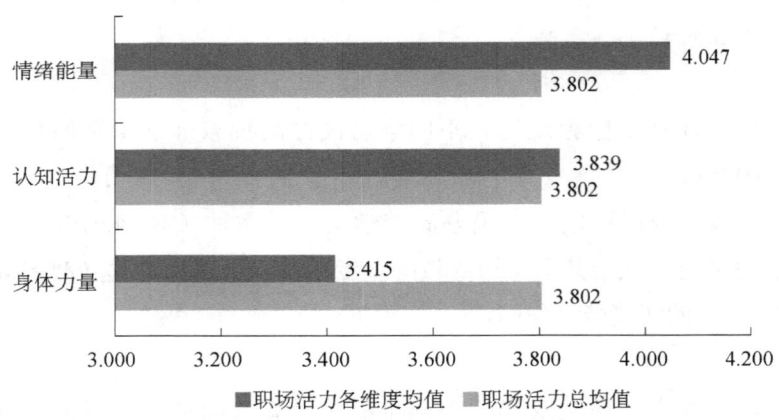

图4-4 民办中小学教师职场活力子维度均值图

1. 身体力量

（1）基本情况

民办中小学教师身体力量较弱，均值为3.415，在职场活力各维度中均值最低。

（2）差异分析

1）地区

通过差异显著性水平检验发现，不同地区民办中小学教师的身体力量存在显著差异（$p=0.000^{***}<0.001$）。

在不同地区教师分组比较中，东部地区民办中小学教师的身体力量（$M=3.867$）明显强于其他地区的教师，其中，中部地区民办中小学教师的身体力量（$M=3.556$）稍弱。

2）学校类型

通过差异显著性水平检验发现，不同学校类型民办中小学教师的身体力量存在显著差异（$p=0.001^{**}<0.01$）。

在不同学校类型教师分组比较中，民办小学教师的身体力量（$M=3.866$）明显强于其他学段的教师，基本呈现出学段越高教师身体力量越弱的趋势。

3）性别

通过差异显著性水平检验发现，不同性别民办中小学教师的身体力量存在显著差异

（$p=0.000***<0.001$）。

在不同性别教师分组比较中，民办中小学男教师的身体力量（$M=3.905$）明显强于女教师（$M=3.810$）。

4）身份

通过差异显著性水平检验发现，不同任职身份民办中小学教师的身体力量存在显著差异（$p=0.004**<0.01$）。

在不同身份教师分组比较中，民办中小学全职教师的身体力量（$M=3.846$）明显强于兼职教师（$M=3.673$）。

5）教龄

通过差异显著性水平检验发现，不同教龄民办中小学教师的身体力量存在显著差异（$p=0.016*<0.05$）。

在不同教龄教师分组比较中，教龄1～5年的民办中小学教师的身体力量（$M=3.866$）明显强于其他年龄段教师，总体上基本呈现出教龄越大身体力量越弱的趋势。

6）年龄

通过差异显著性水平检验发现，不同年龄民办中小学教师的身体力量存在显著差异（$p=0.008**<0.01$）。

在不同年龄教师分组比较中，26～30岁民办中小学教师的身体力量（$M=3.879$）明显强于其他年龄段教师，总体上基本呈现出年龄越大身体力量越弱的趋势，51～60岁民办中小学教师的身体力量（$M=3.825$）有所回升，60岁以上教师的身体力量（$M=3.500$）回落。

7）职称

通过差异显著性水平检验发现，不同职称民办中小学教师的身体力量存在显著差异（$p=0.029*<0.05$）。

在不同职称教师分组比较中，小教高级职称民办中小学教师的身体力量（$M=3.905$）强于其他几类职称的教师，中教一级职称教师的身体力量（$M=3.685$）稍弱。

8）是否担任班主任

通过差异显著性水平检验发现，不同担任班主任情况的民办中小学教师的身体力量存在显著差异（$p=0.015*<0.05$）。

在不同担任班主任情况教师分组比较中，担任班主任的民办中小学教师的身体力量（$M=3.868$）明显强于不担任班主任教师（$M=3.815$）。

9）学科

通过差异显著性水平检验发现，不同任教学科民办中小学教师的身体力量存在显著差异（$p=0.033*<0.05$）。

在不同任教学科教师分组比较中,任教艺术类学科的民办中小学教师的身体力量($M=3.892$)明显强于其他几类教师,其中,任教政史地社类学科(指政治、历史、地理、社会学科)的教师的身体力量($M=3.754$)稍弱。

10)周课时

通过差异显著性水平检验发现,不同周课时民办中小学教师的身体力量存在显著差异($p=0.000***<0.001$)。

在不同周课时教师分组比较中,周课时 10～15 课时的民办中小学教师的身体力量($M=3.886$)强于其他周课时教师,每周 30 课时以上的民办中小学教师的身体力量($M=3.715$)稍弱。

11)本学期承担课程门数

通过差异显著性水平检验发现,不同课程门数的民办中小学教师的身体力量存在显著差异($p=0.005**<0.01$)。

在不同课程门数教师分组比较中,承担 5 门课程及以上的民办中小学教师的身体力量($M=4.014$)明显强于其他教师。承担 0～2 门课程的教师中,承担课程越多教师身体力量越强。

12)收支情况

通过差异显著性水平检验发现,不同收支情况的民办中小学教师的身体力量差异显著($p=0.000***<0.001$)。

在不同收支情况教师分组比较中,收支略有富余的民办中小学教师的身体力量($M=4.235$)明显强于其他收支情况的教师,总体上基本呈现出收支越富余身体力量越强的趋势,收支很富余的教师的身体力量($M=3.964$)回落到与收支很不足的教师($M=3.964$)持平。

(3)结论

1)东部地区民办中小学教师的身体力量明显强于其他地区教师,中部地区民办中小学教师的身体力量稍弱。

2)民办小学教师的身体力量明显强于其他学段教师,基本呈现出学段越高教师身体力量越弱的趋势。

3)民办中小学男教师的身体力量明显强于女教师。

4)民办中小学全职教师的身体力量明显强于兼职教师。

5)教龄 1～5 年的民办中小学教师的身体力量明显强于其他年龄段教师,总体上基本呈现出教龄越长身体力量越弱的趋势。

6)26～30 岁民办中小学教师的身体力量明显强于其他年龄段教师,总体上基本呈现出年龄越大身体力量越弱的趋势,而 51～60 岁民办中小学教师的身体力量有所回升,60

岁以上又回落。

7）小教高级职称民办中小学教师的身体力量强于其他几类职称的教师，中教一级职称教师身体力量稍弱。

8）担任班主任的民办中小学教师的身体力量明显强于不担任班主任的教师。

9）任教艺术类学科的民办中小学教师的身体力量明显强于其他几类教师，任教政史地社类学科的教师身体力量稍弱。

10）周课时 10~15 课时的民办中小学教师的身体力量强于其他周课时的教师，每周 30 课时以上民办中小学教师的身体力量稍弱。

11）承担 5 门课程及以上的民办中小学教师的身体力量明显强于其他教师。承担 0~2 门课程的教师中，承担课程越多教师的身体力量越强。

12）收支略有富余的民办中小学教师的身体力量明显强于其他收支情况的教师，总体上基本呈现出收支越富余身体力量越强的趋势，但收支很富余的教师的身体力量又回落到与收支很不足的教师持平。

2. 认知活力

（1）基本情况

民办中小学教师的认知活力状况一般，均值为 3.839，在职场活力各维度均值中居第 2。

（2）差异分析

1）地区

通过差异显著性水平检验发现，不同地区民办中小学教师的认知活力存在显著差异（$p=0.000***<0.001$）。

在不同地区教师分组比较中，东部地区民办中小学教师的认知活力水平（$M=4.077$）明显高于其他地区教师，中部地区民办中小学教师的认知活力（$M=3.889$）稍低。

2）学校类型

通过差异显著性水平检验发现，不同学校类型民办中小学教师的认知活力存在显著差异（$p=0.000***<0.001$）。

在不同学校类型教师分组比较中，民办小学教师的认知活力水平（$M=4.084$）明显高于其他学段教师，民办初中教师的认知活力（$M=4.004$）稍低。

3）身份

通过差异显著性水平检验发现，不同任职身份民办中小学教师的认知活力存在显著差异（$p=0.000***<0.001$）。

在不同任职身份教师分组比较中，民办中小学全职教师的认知活力水平（$M=4.057$）

明显高于兼职教师（$M=3.809$）。

4）职称

通过差异显著性水平检验发现，不同职称民办中小学教师的认知活力存在显著差异（$p=0.018*<0.05$）。

在不同职称教师分组比较中，小教一级职称民办中小学教师的认知活力水平（$M=4.137$）高于其他几类职称的教师，中教二级职称教师的认知活力（$M=3.985$）稍低。

5）职务

通过差异显著性水平检验发现，不同职务民办中小学教师的认知活力存在显著差异（$p=0.002**<0.01$）。

在不同职务教师分组比较中，民办中小学副校长的认知活力水平（$M=4.293$）高于其余几类职务的教师，其他职务教师的认知活力水平（$M=3.908$）低。

6）周课时

通过差异显著性水平检验发现，不同周课时的民办中小学教师的认知活力存在显著差异（$p=0.000***<0.001$）。

在不同周课时教师分组比较中，周课时为10～15课时的民办中小学教师的认知活力水平（$M=4.096$）高于其他周课时的教师，每周30课时以上的民办中小学教师的认知活力水平（$M=3.900$）稍低。

7）本学期承担课程门数

通过差异显著性水平检验发现，不同课程门数民办中小学教师课程的教师认知活力存在显著差异（$p=0.003**<0.01$）。

在不同课程门数教师分组比较中，承担5门课程及以上的民办中小学教师的认知活力水平（$M=4.121$）明显高于其他教师，承担0～2门课程的教师中，承担课程越多教师的认知活力水平越高。

8）收支情况

通过差异显著性水平检验发现，不同收支情况的民办中小学教师的认知活力差异显著（$p=0.000***<0.001$）。

在不同收支情况教师分组比较中，收支略有富余的民办中小学教师的认知活力水平（$M=4.068$）明显高于其他收支情况的教师，总体上基本呈现出收支越富余认知活力水平越高的趋势，但收支很富余的教师认知活力水平（$M=3.964$）有所回落。

（3）结论

1）东部地区民办中小学教师的认知活力水平明显高于其他地区教师，中部地区民办中小学教师的认知活力水平稍低。

2）民办小学教师的认知活力水平明显高于其他学段教师，民办初中教师的认知活力水平稍低。

3）民办中小学全职教师的认知活力水平明显高于兼职教师。

4）小教一级职称民办中小学教师的认知活力水平高于另外几类职称的教师，中教二级职称教师的认知活力水平稍低。

5）民办中小学副校长的认知活力水平高于其他几类职务的教师，其他职务教师的认知活力稍低。

6）周课时10～15课时的民办中小学教师的认知活力水平高于其他周课时的教师，每周30课时以上的民办中小学教师的认知活力水平稍低。

7）承担5门课程及以上的民办中小学教师的认知活力水平明显高于其他老师，承担0～2门课程的教师中，承担课程越多教师的认知活力水平越高。

8）收支略有富余的民办中小学教师的认知活力水平明显高于其他收支情况的教师，总体上基本呈现出收支越富余认知活力水平越高的趋势，但收支很富余的教师的认知活力又有所回落。

3. 情绪能量

（1）基本情况

民办中小学教师的情绪能量状况较好，均值为4.047，居职场活力各维度均值的首位。

（2）差异分析

1）学校类型

通过差异显著性水平检验发现，不同学校类型民办中小学教师的情绪能量存在显著差异（$p=0.017*<0.05$）。

在不同学校类型教师分组比较中，民办小学教师的情绪能量（$M=3.442$）明显强于其他学段教师，总体上基本呈现出学段越高教师的情绪能量越弱的趋势。

2）性别

通过差异显著性水平检验发现，不同性别民办中小学教师的情绪能量存在显著差异（$p=0.006**<0.01$）。

在不同性别教师分组比较中，民办中小学男教师的情绪能量（$M=3.475$）明显强于女教师（$M=3.389$）。

3）学历

通过差异显著性水平检验发现，不同学历民办中小学教师的情绪能量存在显著差异（$p=0.001**<0.01$）。

在不同学历教师分组比较中，博士学历民办中小学教师的情绪能量（$M=3.630$）明显强于其他学历教师,学士学历教师的情绪能量（$M=3.352$）稍弱。

4）本校工作年限

通过差异显著性水平检验发现,不同本校工作年限民办中小学教师的情绪能量存在显著差异（$p=0.009**<0.01$）。

在不同本校工作年限教师分组比较中,本校工作年限为6～10年的民办中小学教师的情绪能量（$M=3.510$）强于其他本校工作年限的教师,本校工作年限15年以上教师的情绪能量（$M=3.275$）稍弱。

5）周课时

通过差异显著性水平检验发现,不同周课时的民办中小学教师的情绪能量存在显著差异（$p=0.000***<0.001$）。

在不同周课时教师分组比较中,周课时10课时以下的民办中小学教师的情绪能量（$M=3.533$）强于其他周课时的教师,总体上基本呈现周课时数越多情绪能量越弱的趋势。

6）本学期承担课程门数

通过差异显著性水平检验发现,不同课程门数民办中小学教师的情绪能量存在显著差异（$p=0.006**<0.01$）。

在不同课程门数教师分组比较中,承担0门课程即非任课的民办中小学教师的情绪能量（$M=3.629$）明显强于其他教师,承担4门课程的教师的情绪能量（$M=3.230$）稍弱。

7）收支情况

通过差异显著性水平检验发现,不同收支情况民办中小学教师的情绪能量存在显著差异（$p=0.000***<0.001$）。

在不同收支情况教师分组比较中,收支略有富余的民办中小学教师的情绪能量（$M=3.812$）明显强于其他收支情况的教师,总体上基本呈现出收支越富余情绪能量越强的趋势,但收支很富余的教师的情绪能量（$M=3.810$）有些许回落。

（3）结论

1）民办小学教师的情绪能量明显强于其他学段教师,总体上基本呈现学段越高教师的情绪能量越弱的趋势。

2）民办中小学男教师的情绪能量明显强于女教师。

3）博士学历民办中小学教师的情绪能量明显强于其他学历教师,学士学历教师的情绪能量稍弱。

4）工作年限为6～10年的民办中小学教师的情绪能量强于其他工作年限的教师,工作15年以上的教师情绪能量稍弱。

5）周课时10课时以下的民办中小学教师的情绪能量强于其他周课时的教师,总体上基本呈现出周课时数越多情绪能量越弱的趋势。

6）承担 0 门课程即非任课的民办中小学教师的情绪能量明显强于其他教师，承担 4 门课程的教师情绪能量稍弱。

7）收支略有富余的民办中小学教师的情绪能量明显强于其他收支情况的教师，总体上基本呈现出收支越富余情绪能量越强的趋势，收支很富余的教师的情绪能量有些许回落。

第五章 民办学校学生能力发展

> **内容提要**
>
> 本章调查了全国东、中、西部民办高校和民办中小学学生的能力发展情况,运用数据和图形展示了民办学校学生网络媒介素养、自主学习能力和学习能力的发展情况。

一、民办学校学生网络媒介素养

网络媒介素养是指人们正确理解、建设性享用网络资源,具有健康的网络媒介批评能力,能够充分利用网络媒介资源完善自我,参与社会发展的素养。

学生网络媒介素养是衡量学生在网络环境下获取信息和运用能力的重要指标。在信息化高速发展的背景下,学生网络媒介素养的高低直接关系着学生获取信息和知识的质量,关系到学生的学习效果,学生网络媒介素养的提高将有利于提高其理性辨别能力。

学生网络媒介素养是指学生网络用户具备正确的网络媒介批评、网络信息获取和处理能力,并能够利用网络资源完善和保护自我的一种综合能力。

研究发现:

在民办中小学学生样本中,女生的相关能力普遍强于男生;独生子女学生的相关能力普遍强于非独生子女;没有留级的学生的相关能力普遍强于留过级的学生;家中有很多书籍的学生的相关能力普遍强于家中书籍较少的学生;父母最高学历为硕士研究生及以上的学生的相关能力普遍强于其他学生;家庭很富裕的学生的相关能力普遍强于其他家庭经济条件的学生。

在高校学生样本中,男生的相关能力普遍强于女生;独生子女学生的相关能力普遍强于非独生子女;居住在城市的学生的相关能力普遍强于居住在乡镇和农村的学生;普通民办院校(含独立学院)学生的相关能力普遍强于高等职业院校学生;学校办学层次为本科的民办高校学生的相关能力普遍强于专科/高职的学生;个人就读专业为本科的学生的相关能力普遍强于专科学生；大四学生的相关能力普遍强于其他年级学生；艺术类民办高校学生的相关能力普遍强于其他学科学生；就读意向为第一志愿学生的的相关能力普遍强于其他就读专业意向的学生；担任学生干部的学生的相关能力普遍强于非学生干部的学生；具有创业经历的学生的相关能力普遍强于不具备创业经历的学生；没有助学贷款的学生的相关能力普遍强于其他学生；具有兼职经历的学生的相关能力普遍强于没有兼职经历的学生。

（一）民办中小学学生网络媒介素养

在批判获取能力、整合交流能力和自我保护能力3个维度中，民办中小学学生的批判获取能力均值最高，达到3.817；自我保护能力均值最低，为3.773；整合交流能力均值居中（图5-1）。

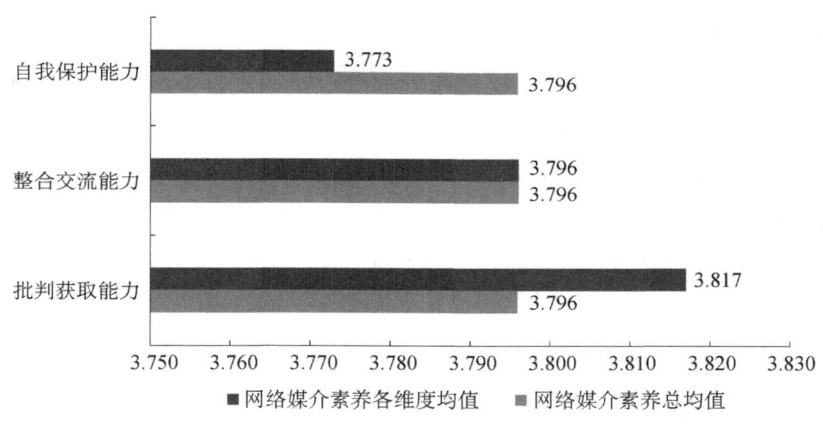

图5-1 民办中小学学生网络媒介素养子维度均值图

1. 批判获取能力

（1）基本情况

批判获取能力是指在信息收集过程中，个体能够理性辨别信息真伪、好坏并合理利用的能力。

民办中小学学生的批判获取能力较强，均值为3.817，在网络媒介素养各维度中均值最高。

（2）差异分析

1）性别

通过差异显著性水平检验发现，不同性别民办中小学学生的批判获取能力存在显著差异（$p=0.002**<0.01$）。

在不同性别学生分组比较中，民办中小学学生中女生（M=3.839）的批判获取能力显著强于男生（M=3.802）。

2）独生子女

通过差异显著性水平检验发现，独生子女和非独生子女民办中小学学生的批判获取能力存在显著差异（p=0.000***<0.001）。

在是否独生子女学生分组比较中，独生子女民办中小学学生（M=3.906）的批判获取能力明显强于非独生子女（M=3.790）。

3）留级情况

通过差异显著性水平检验发现，不同留级情况民办中小学学生的批判获取能力存在显著差异（p=0.000***<0.001）。

在不同留级情况学生分组比较中，没有留过级的民办中小学学生（M=3.848）的批判获取能力明显强于留过级的学生（M=3.576）。

4）家中书籍数量

通过差异显著性水平检验发现，不同家中书籍数量的民办中小学学生的批判获取能力存在显著差异（p=0.000***<0.001）。

在不同家中书籍数量学生分组比较中，家中有很多书籍的民办中小学学生的批判获取能力（M=4.199）明显强于家中没有书籍的学生（M=3.158），总体上基本呈现出家中书籍越多批判获取能力越强的趋势。

5）父母最高学历

通过差异显著性水平检验发现，不同父母最高学历的民办中小学学生的批判获取能力存在显著差异（p=0.000***<0.001）。

在不同父母最高学历学生分组比较中，父母最高学历为硕士研究生及以上的民办中小学学生（M=4.106）的批判获取能力较强，总体上基本呈现出父母最高学历越高学生批判获取能力越强的趋势。

6）家庭经济条件

通过差异显著性水平检验发现，不同家庭经济条件的民办中小学学生的批判获取能力存在显著差异（p=0.000***<0.001）。

在不同家庭经济条件学生分组比较中，家庭很富裕的民办中小学学生的批判获取能力（M=4.193）明显强于其他家庭经济条件的学生，其中，家庭经济条件非常困难的民办中小学学生的批判获取能力（M=3.443）稍低。

（3）结论

1）民办中小学学生中女生的批判获取能力显著强于男生。

2）独生子女民办中小学学生的批判获取能力明显强于非独生子女。

3）没有留过级的民办中小学学生的批判获取能力明显强于留过级的学生。

4）家中有很多书籍的民办中小学学生的批判获取能力明显强于家中书籍较少的学生，总体上基本呈现出家中书籍越多批判获取能力越强的趋势。

5）父母最高学历为硕士研究生及以上的民办中小学学生的批判获取能力较强，总体上基本呈现出父母最高学历越高学生批判获取能力越强的趋势。

6）家庭很富裕的民办中小学学生的批判获取能力明显强于其他家庭经济条件的学生，家庭经济条件非常困难的民办中小学学生的批判获取能力较低。

2. 整合交流能力

（1）基本情况

整合交流能力是个体在网络信息环境中能够将自己的内在世界加以调整并重组，将新事物内化到自我意识中，从而与他人达到更深程度的沟通的能力。[①]

民办中小学学生的整合交流能力均值为 3.796，在网络媒介素养各维度中均值处于中间水平。

（2）差异分析

1）性别

通过差异显著性水平检验发现，不同性别民办中小学学生的整合交流能力存在显著差异（$p=0.002**<0.01$）。

在不同性别学生分组比较中，民办中小学学生中女生（$M=3.819$）的整合交流能力显著强于男生（$M=3.781$）。

2）独生子女

通过差异显著性水平检验发现，独生子女和非独生子女民办中小学学生的整合交流能力存在显著差异（$p=0.000***<0.001$）。

在是否独生子女学生分组比较中，独生子女民办中小学学生（$M=3.868$）的整合交流能力明显强于非独生子女学生（$M=3.774$）。

3）留级情况

通过差异显著性水平检验发现，不同留级情况民办中小学学生的整合交流能力存在显著差异（$p=0.000***<0.001$）。

在不同留级情况学生分组比较中，没有留过级的民办中小学学生（$M=3.823$）的整合交流能力明显强于留过级的学生（$M=3.588$）。

4）家中书籍数量

通过差异显著性水平检验发现，不同家中书籍数量的民办中小学学生的整合交流能力

---

① 张曦. 整合交流理论——论留学生跨文化适应研究的新思路［J］. 文教资料, 2016（6）: 98-100.

存在显著差异（$p=0.000***<0.001$）。

在不同家中书籍数量学生分组比较中，家中有很多书籍的民办中小学学生（$M=4.165$）的整合交流能力明显强于家中没有书籍的学生（$M=3.187$），总体上基本呈现出家中书籍越多整合交流能力越强的趋势。

5）父母最高学历

通过差异显著性水平检验发现，不同父母最高学历的民办中小学学生的整合交流能力存在显著差异（$p=0.000***<0.001$）。

在不同父母最高学历学生分组比较中，父母最高学历为硕士研究生及以上的民办中小学学生（$M=4.124$）的整合交流能力较强，总体上基本呈现出父母最高学历越高学生整合交流能力越强的趋势。

6）家庭经济条件

通过差异显著性水平检验发现，不同家庭经济条件的民办中小学学生的整合交流能力存在显著差异（$p=0.000***<0.001$）。

在不同家庭经济条件学生分组比较中，家庭很富裕的民办中小学学生的整合交流能力（$M=4.196$）明显强于其他家庭经济条件的学生，其中，家庭经济条件非常困难的民办中小学学生的整合交流能力（$M=3.457$）稍低。

（3）结论

1）民办中小学学生中女生的整合交流能力显著强于男生。

2）独生子女民办中小学学生的整合交流能力明显强于非独生子女学生。

3）没有留过级的民办中小学学生的整合交流能力明显强于留过级的学生。

4）家中有很多书籍的民办中小学学生的整合交流能力明显强于家中书籍较少的学生，总体上基本呈现出家中书籍越多整合交流能力越强的趋势。

5）父母最高学历为硕士研究生及以上的民办中小学学生的整合交流能力较强，总体上基本呈现父母最高学历越高学生整合交流能力越强的趋势。

6）家庭很富裕的民办中小学学生的整合交流能力明显强于其他家庭经济条件的学生，家庭经济条件非常困难的民办中小学学生整合交流能力稍低。

3. 自我保护能力

（1）基本情况

自我保护能力是个体靠自己独立地运用自救自护的技巧去摆脱外界危险的能力。[①]

民办中小学学生的自我保护能力均值为3.773，在网络媒介素养各维度中均值处于较

---

① 朱静. 幼儿自我保护能力及其培养现状的调查研究［D］. 黄石：湖北师范学院，2015.

低水平。

（2）差异分析

1）性别

通过差异显著性水平检验发现，不同性别民办中小学学生的自我保护能力存在显著差异（$p=0.003^{**}<0.01$）。

在不同性别学生分组比较中，民办中小学学生中女生（$M=3.793$）的自我保护能力显著强于男生（$M=3.760$）。

2）独生子女

通过差异显著性水平检验发现，独生子女和非独生子女民办中小学学生的自我保护能力存在显著差异（$p=0.000^{***}<0.001$）。

在是否独生子女学生分组比较中，独生子女民办中小学学生（$M=3.819$）的自我保护能力明显强于非独生子女学生（$M=3.759$）。

3）留级情况

通过差异显著性水平检验发现，不同留级情况民办中小学学生的自我保护能力存在显著差异（$p=0.000^{***}<0.001$）。

在不同留级情况学生分组比较中，没有留过级的民办中小学学生（$M=3.793$）的自我保护能力明显强于留过级的学生（$M=3.619$）。

4）家中书籍数量

通过差异显著性水平检验发现，不同家中书籍数量的民办中小学学生的自我保护能力存在显著差异（$p=0.000^{***}<0.001$）。

在不同家中书籍数量学生分组比较中，家中有很多书籍的民办中小学学生的自我保护能力（$M=4.096$）明显强于家中没有书籍的学生（$M=3.191$），总体上基本呈现出家中书籍越多自我保护能力越强的趋势。

5）父母最高学历

通过差异显著性水平检验发现，不同父母最高学历的民办中小学学生的自我保护能力存在显著差异（$p=0.000^{***}<0.001$）。

在不同父母最高学历学生分组比较中，父母最高学历为硕士研究生及以上的民办中小学学生（$M=4.060$）的自我保护能力较强，总体上基本呈现出父母最高学历越高学生自我保护能力越强的趋势。

6）家庭经济条件

通过差异显著性水平检验发现，不同家庭经济条件的民办中小学学生的自我保护能力存在显著差异（$p=0.000^{***}<0.001$）。

在不同家庭经济条件学生分组比较中，家庭很富裕的民办中小学学生的自我保护能力

（M=4.141）明显强于其他家庭经济条件的学生，其中，家庭经济条件非常困难的民办中小学学生的自我保护能力（M=3.454）较低。

（3）结论

1）民办中小学学生中女生的自我保护能力显著强于男生。

2）独生子女民办中小学学生的自我保护能力明显强于非独生子女。

3）没有留级的民办中小学学生的自我保护能力明显强于留过级的学生。

4）家中有很多书籍的民办中小学学生的自我保护能力明显强于家中书籍较少的学生，总体上基本呈现出家中书籍越多自我保护能力越强的趋势。

5）父母最高学历为硕士研究生及以上的民办中小学学生的自我保护能力较强，总体上基本呈现出父母最高学历越高学生的自我保护能力越强的趋势。

6）家庭很富裕的民办中小学学生的自我保护能力明显强于其他家庭经济条件的学生，家庭经济条件非常困难的民办中小学学生的自我保护能力较低。

（二）民办高校学生网络媒介素养

在批判获取能力、整合交流能力和自我保护能力3个维度中，民办高校学生的自我保护能力均值最高，达到3.793，整合交流能力均值最低，为3.675；批判获取能力均值居中（图5-2）。

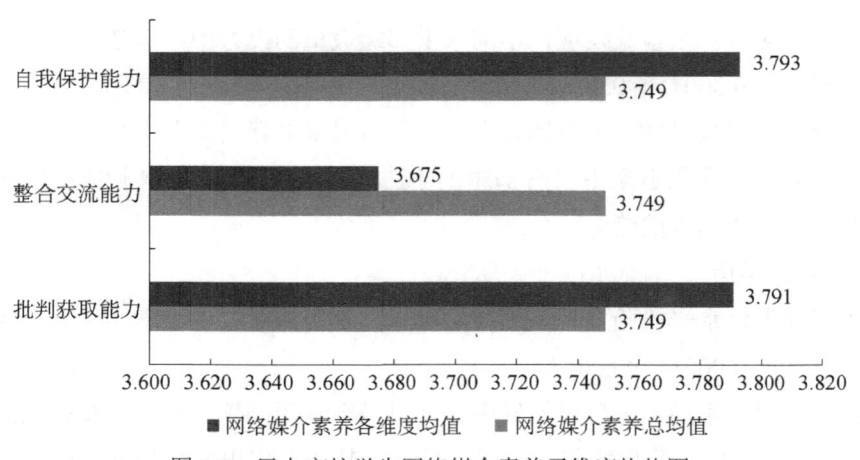

图5-2 民办高校学生网络媒介素养子维度均值图

1. 批判获取能力

（1）基本情况

批判获取能力是在信息收集过程中，个体能够理性辨别信息真伪、好坏并合理利用的能力。在信息化社会中，民办高校学生的批判获取能力较为重要，能够体现出信息理性获取的必要性。

民办高校学生的批判获取能力均值为3.791，在网络媒介素养各维度中均值处于中间水平。

（2）差异分析

1）性别

通过差异显著性水平检验发现，不同性别民办高校学生的批判获取能力存在显著差异（$p=0.000^{***}<0.001$）。

在不同性别学生分组比较中，男生（$M=3.839$）的批判获取能力显著强于女生（$M=3.756$）。

2）独生子女

通过差异显著性水平检验发现，独生子女和非独生子女民办高校学生的批判获取能力存在显著差异（$p=0.000^{***}<0.001$）。

在是否独生子女学生分组比较中，独生子女民办高校学生（$M=3.839$）的批判获取能力明显强于非独生子女（$M=3.756$）。

3）家庭所在地

通过差异显著性水平检验发现，不同家庭所在地民办高校学生的批判获取能力存在显著差异（$p=0.000^{***}<0.001$）。

在不同家庭所在地学生分组比较中，居住在城市的民办高校学生（$M=3.866$）的批判获取能力明显强于居住在乡镇（$M=3.753$）和农村（$M=3.758$）的民办高校学生。

4）父母最高学历

通过差异显著性水平检验发现，不同父母最高学历民办高校学生的批判获取能力存在显著差异（$p=0.000^{***}<0.001$）。

在不同父母最高学历学生分组比较中，父母最高学历为专科或本科的民办高校学生（$M=3.884$）的批判获取能力明显强于其他父母最高学历的学生。

5）学校类型

通过差异显著性水平检验发现，不同学校类型民办高校学生的批判获取能力存在显著差异（$p=0.000^{***}<0.001$）。

在不同学校类型学生分组比较中，普通民办院校（含独立学院）学生（$M=3.801$）的批判获取能力明显强于高等职业院校学生（$M=3.710$）。

6）办学层次

通过差异显著性水平检验发现，不同办学层次学校学生的批判获取能力存在显著差异（$p=0.000^{***}<0.001$）。

在不同办学层次学校学生分组比较中，学校办学层次为本科的民办高校学生（$M=$

3.813）的批判获取能力明显强于专科/高职学生（M=3.718）。

7）个人就读专业层次

通过差异显著性水平检验发现，不同个人就读专业层次民办高校学生的批判获取能力存在显著差异（p=0.000***<0.001）。

在不同个人就读专业层次分组比较中，个人就读专业层次为本科的民办高校学生（M=3.809）的批判获取能力明显强于专科学生（M=3.761）。

8）所在年级

通过差异显著性水平检验发现，不同年级民办高校学生的批判获取能力存在显著差异（p=0.000***<0.001）。

在不同年级学生分组比较中，大四学生的批判获取能力（M=3.884）强于其他年级的学生，总体上基本呈现出年级越高学生批判获取能力越强的趋势。

9）专业所属学科

通过差异显著性水平检验发现，不同专业所属学科民办高校学生的批判获取能力存在显著差异（p=0.000***<0.001）。

在不同专业所属学科学生分组比较中，艺术类学科学生的批判获取能力（M=3.882）明显强于另外几个学科的学生，其他学科学生的批判获取能力（M=3.732）稍弱。

10）就读专业意向

通过差异显著性水平检验发现，不同就读意向民办高校学生的批判获取能力存在显著差异（p=0.000***<0.001）。

在不同就读意向学生分组比较中，就读第一志愿的民办高校学生（M=3.833）的批判获取能力明显强于另外几个就读专业意向的学生，其他就读专业意向的民办高校学生批判获取能力稍弱。

11）学生干部

通过差异显著性水平检验发现，不同担任学生干部情况的民办高校学生的批判获取能力存在显著差异（p=0.000***<0.001）。

在按担任学生干部情况分组比较中，担任学生干部的民办高校学生（M=3.857）的批判获取能力明显强于非学生干部的学生（M=3.728）。

12）创业经历

通过差异显著性水平检验发现，不同创业经历的民办高校学生的批判获取能力存在显著差异（p=0.000***<0.001）。

在不同创业经历学生分组比较中，具有创业经历的民办高校学生（M=3.936）的批判获取能力明显强于不具备创业经历的学生（M=3.771）。

13）助学贷款

通过差异显著性水平检验发现，不同助学贷款情况的民办高校学生的批判获取能力存在显著差异（$p=0.000^{***}<0.001$）。

在不同助学贷款情况学生分组比较中，没有助学贷款的民办高校学生（$M=3.799$）的批判获取能力明显强于其他学生。

14）兼职经历

通过差异显著性水平检验发现，具有兼职经历和不具有兼职经历的民办高校学生的批判获取能力存在显著差异（$p=0.000^{***}<0.001$）。

在是否具有兼职经历学生分组比较中，具有兼职经历的民办高校学生（$M=3.828$）的批判获取能力明显强于没有兼职经历的学生（$M=3.759$）。

（3）结论

1）民办高校学生中男生的批判获取能力显著强于女生。

2）民办高校学生中独生子女的批判获取能力明显强于非独生子女。

3）居住在城市的民办高校学生的批判获取能力明显强于居住在乡镇和农村的民办高校学生。

4）普通民办院校（含独立学院）学生的批判获取能力明显强于高等职业院校学生。

5）学校办学层次为本科的民办高校学生的批判获取能力明显强于办学层次为专科/高职的民办高校学生。

6）个人就读专业为本科的民办高校学生的批判获取能力明显强于专科民办高校学生。

7）民办高校大四学生的批判获取能力明显强于其他年级的学生，总体上基本呈现年级越高学生的批判获取能力越强的趋势。

8）艺术类民办高校学生的批判获取能力明显强于另外几个学科的学生，其他学科民办高校学生的批判获取能力稍弱。

9）就读意向为第一志愿的民办高校学生的批判获取能力明显强于其余就读专业意向的学生，其他就读专业意向民办高校学生的批判获取能力稍弱。

10）担任学生干部的民办高校学生的批判获取能力明显强于非学生干部学生。

11）具有创业经历的民办高校学生的批判获取能力明显强于不具备创业经历的学生。

12）没有助学贷款的民办高校学生的批判获取能力明显强于其他学生。

13）具有兼职经历的民办高校学生的批判获取能力明显强于没有兼职经历的学生。

14）父母最高学历为专科或本科的民办高校学生的批判获取能力明显强于其他父母最高学历层次的学生。

2. 整合交流能力

（1）基本情况

整合交流能力是在网络信息环境中能够将自己的内在世界加以调整并重组，将新事物内化到自我意识中，从而与他人达到更深程度的沟通的能力。[①]民办高校学生的整合交流能力体现为生生互动过程中的交流能力。

民办高校学生的整合交流能力均值为3.675，在网络媒介素养各维度中均值最低。

（2）差异分析

1）性别

通过差异显著性水平检验发现，不同性别民办高校学生的整合交流能力存在显著差异（$p=0.000***<0.001$）。

在不同性别学生分组比较中，民办高校男生（$M=3.757$）的整合交流能力显著强于女生（$M=3.614$）。

2）独生子女

通过差异显著性水平检验发现，独生子女与非独生子女民办高校学生的整合交流能力存在显著差异（$p=0.000***<0.001$）。

在是否独生子女学生分组比较中，独生子女民办高校学生（$M=3.732$）的整合交流能力明显强于非独生子女（$M=3.634$）。

3）家庭所在地

通过差异显著性水平检验发现，不同家庭所在地民办高校学生的整合交流能力存在显著差异（$p=0.000***<0.001$）。

在不同家庭所在地学生分组比较中，居住在城市的民办高校学生（$M=3.761$）的整合交流能力明显强于居住在乡镇（$M=3.643$）和农村（$M=3.630$）的民办高校学生。

4）父母最高学历

通过差异显著性水平检验发现，不同父母最高学历民办高校学生的整合交流能力存在显著差异（$p=0.000***<0.001$）。

在不同父母最高学历学生分组比较中，父母最高学历为研究生及以上的民办高校学生（$M=3.856$）的整合交流能力明显强于其他民办高校学生。

5）学校类型

通过差异显著性水平检验发现，不同学校类型民办高校学生的整合交流能力存在显著差异（$p=0.000***<0.001$）。

在不同学校类型学生分组比较中，普通民办院校（含独立学院）学生（$M=3.683$）的

---

① 张曦. 整合交流理论——论留学生跨文化适应研究的新思路[J]. 文教资料, 2016（6）: 98-100.

整合交流能力明显强于高等职业民办高校学生（M=3.603）。

6）办学层次

通过差异显著性水平检验发现，不同办学层次民办高校学生的整合交流能力存在显著差异（p=0.000***<0.001）。

在不同办学层次学校学生分组比较中，本科民办高校学生（M=3.900）的整合交流能力明显强于专科/高职民办高校学生（M=3.634）。

7）个人就读专业层次

通过差异显著性水平检验发现，不同个人就读专业层次民办高校学生的整合交流能力存在显著差异（p=0.000***<0.001）。

在不同个人就读专业层次学生分组比较中，个人就读专业层次为本科的民办高校学生（M=3.686）的整合交流能力明显强于专科民办高校学生（M=3.655）。

8）所在年级

通过差异显著性水平检验发现，不同年级民办高校学生的整合交流能力存在显著差异（p=0.000***<0.001）。

在不同所在年级学生分组比较中，民办高校大四学生的整合交流能力（M=3.771）明显强于其他年级学生，总体上基本呈现出年级越高学生整合交流能力越强的趋势。

9）专业所属学科

通过差异显著性水平检验发现，不同专业所属学科的民办高校学生的整合交流能力存在显著差异（p=0.000***<0.001）。

在不同专业所属学科学生分组比较中，民办高校艺术类学科学生的整合交流能力（M=3.775）明显强于其余学科的学生，其他学科民办高校学生的整合交流能力（M=3.614）稍弱。

10）就读专业意向

通过差异显著性水平检验发现，不同就读意向的民办高校学生的整合交流能力存在显著差异（p=0.000***<0.001）。

在不同就读专业意向学生分组比较中，就读意向为第一志愿的民办高校学生（M=3.713）的整合交流能力明显强于其余就读专业意向的学生，其他就读专业意向的民办高校学生整合交流能力稍弱。

11）学生干部

通过差异显著性水平检验发现，不同担任学生干部情况的民办高校学生的整合交流能力存在显著差异（p=0.000***<0.001）。

在是否学生干部的分组比较中，担任学生干部的民办高校学生（M=3.751）的整合交流能力明显强于非学生干部学生（M=3.601）。

12）创业经历

通过差异显著性水平检验发现，不同创业经历民办高校学生的整合交流能力存在显著差异（$p=0.000***<0.001$）。

在不同创业经历学生分组比较中，具有创业经历的民办高校学生（$M=3.883$）的整合交流能力明显强于不具有创业经历的学生（$M=3.645$）。

13）助学贷款

通过差异显著性水平检验发现，不同助学贷款情况民办高校学生的整合交流能力存在显著差异（$p=0.000***<0.001$）。

在不同助学贷款情况学生的分组比较中，没有助学贷款的民办高校学生（$M=3.684$）的整合交流能力明显强于其他学生。

14）兼职经历

通过差异显著性水平检验发现，是否具有兼职经历和没有兼职经历的民办高校学生的整合交流能力存在显著差异（$p=0.000***<0.001$）。

在是否具有兼职经历学生分组比较中，具有兼职经历的民办高校学生（$M=3.720$）的整合交流能力明显强于没有兼职经历的学生（$M=3.634$）。

（3）结论

1）民办高校学生中男生的整合交流能力显著强于女生。

2）民办高校学生中独生子女的整合交流能力明显强于非独生子女。

3）居住在城市的民办高校学生的整合交流能力明显强于居住在乡镇和农村的民办高校学生。

4）普通民办院校（含独立学院）学生的整合交流能力明显强于高等职业院校的民办高校学生。

5）学校办学层次为本科的民办高校学生的整合交流能力明显强于专科/高职民办高校学生。

6）个人就读专业为本科的民办高校学生的整合交流能力明显强于专科民办高校学生。

7）民办高校大四学生整合交流能力明显强于其他年级的学生，总体上基本呈现出年级越高学生整合交流能力越强的趋势。

8）艺术类学科民办高校学生的整合交流能力明显强于其余学科的学生，其他学科民办高校学生整合交流能力稍弱。

9）就读意向为第一志愿的民办高校学生的整合交流能力明显强于其余就读专业意向的学生，其他就读专业意向的民办高校学生整合交流能力稍弱。

10）担任学生干部的民办高校学生的整合交流能力明显强于非学生干部学生。

11）具有创业经历的民办高校学生的整合交流能力明显强于不具备创业经历的学生。

12）没有助学贷款的民办高校学生的整合交流能力明显强于其他学生。

13）具有兼职经历的民办高校学生的整合交流能力明显强于没有兼职经历的学生。

14）父母最高学历为研究生及以上的民办高校学生的整合交流能力明显强于其他民办高校学生。

3. 自我保护能力

（1）基本情况

自我保护能力是个体为了降低主观风险，自发采取一些措施或行为缓解或消除存在的风险的能力。[①]民办高校学生相比于中小学学生，其自我保护能力更多体现在网络媒介环境下抵御风险的能力。

民办高校学生自我保护能力均值为3.793，在网络媒介素养各维度中均值最高。

（2）差异分析

1）性别

通过差异显著性水平检验发现，不同性别民办高校学生的自我保护能力存在显著差异（$p=0.000***<0.001$）。

在不同性别学生分组比较中，民办高校男生（$M=3.824$）的自我保护能力显著强于女生（$M=3.770$）。

2）独生子女

通过差异显著性水平检验发现，独生子女和非独生子女民办高校学生的自我保护能力存在显著差异（$p=0.000***<0.001$）。

在是否独生子女学生分组比较中，独生子女民办高校学生（$M=3.818$）的自我保护能力明显强于非独生子女（$M=3.776$）。

3）家庭所在地

通过差异显著性水平检验发现，不同家庭所在地民办高校学生的自我保护能力存在显著差异（$p=0.000***<0.001$）。

在不同家庭所在地学生分组比较中，居住在城市的民办高校学生（$M=3.840$）的自我保护能力明显强于居住在乡镇（$M=3.758$）和农村（$M=3.777$）的民办高校学生。

4）父母最高学历

通过差异显著性水平检验发现，不同父母最高学历的民办高校学生的自我保护能力存在显著差异（$p=0.000***<0.001$）。

---

① 王明亮. 消费者食品安全自我保护行为影响因素及作用机理研究［D］. 长春：吉林大学，2018.

在不同父母最高学历学生分组比较中，父母最高学历为研究生及以上（$M=3.878$）的民办高校学生的自我保护能力明显强于其他民办高校学生。

5）学校类型

通过差异显著性水平检验发现，不同学校类型民办高校学生的自我保护能力存在显著差异（$p=0.000***<0.001$）。

在不同学校类型学生分组比较中，普通民办院校（含独立学院）学生（$M=3.800$）的自我保护能力明显强于高等职业民办高校学生（$M=3.737$）。

6）办学层次

通过差异显著性水平检验发现，不同学校办学层次民办高校学生的自我保护能力存在显著差异（$p=0.000***<0.001$）。

在不同办学层次学校学生分组比较中，学校办学层次为本科的民办高校学生（$M=3.805$）的自我保护能力明显强于专科/高职民办高校学生（$M=3.753$）。

7）个人就读专业层次

通过差异显著性水平检验发现，不同个人就读专业层次民办高校学生的自我保护能力存在显著差异（$p=0.003**<0.01$）。

在不同个人就读专业学生层次分组比较中，个人就读专业层次为本科的民办高校学生（$M=3.796$）的自我保护能力明显强于专科民办高校学生（$M=3.788$）。

8）所在年级

通过差异显著性水平检验发现，不同年级的民办高校学生的自我保护能力存在显著差异（$p=0.000***<0.001$）。

在不同所在年级学生比较中，民办高校大四学生的自我保护能力（$M=3.866$）明显强于其他年级学生，总体上基本呈现出年级越高学生自我保护能力越强的趋势。

9）专业所属学科

通过差异显著性水平检验发现，不同专业所属学科的民办高校学生的自我保护能力存在显著差异（$p=0.000***<0.001$）。

在不同专业所属学科学生分组比较中，艺术类学科民办高校学生的自我保护能力（$M=3.868$）明显强于其余学科学生，其他学科民办高校学生自我保护能力（$M=3.761$）稍弱。

10）就读专业意向

通过差异显著性水平检验发现，不同就读意向的民办高校学生的自我保护能力存在显著差异（$p=0.000***<0.001$）。

在不同就读专业意向学生分组比较中，就读意向为第一志愿的民办高校学生（$M=3.830$）的自我保护能力明显强于其余就读专业意向的学生，其他就读专业意向民办高校学生的自我保护能力稍弱。

11）学生干部

通过差异显著性水平检验发现，不同担任学生干部情况的民办高校学生的自我保护能力存在显著差异（$p=0.000***<0.001$）。

在是否学生干部分组比较中，担任学生干部的民办高校学生（$M=3.847$）的自我保护能力明显强于非学生干部学生（$M=3.740$）。

12）创业经历

通过差异显著性水平检验发现，不同创业经历的民办高校学生的自我保护能力存在显著差异（$p=0.000***<0.001$）。

在不同创业经历学生分组比较中，具有创业经历的民办高校学生（$M=3.921$）的自我保护能力明显强于不具有创业经历的学生（$M=3.775$）。

13）助学贷款

通过差异显著性水平检验发现，不同助学贷款情况的民办高校学生的自我保护能力存在显著差异（$p=0.000***<0.001$）。

在不同助学贷款情况学生分组比较中，有国家助学贷款的民办高校学生（$M=3.807$）的自我保护能力明显强于其他学生。

14）兼职经历

通过差异显著性水平检验发现，具有兼职经历和没有兼职经历的民办高校学生的自我保护能力存在显著差异（$p=0.000***<0.001$）。

在是否具有兼职经历学生分组比较中，具有兼职经历的民办高校学生（$M=3.827$）的自我保护能力明显强于没有兼职经历（$M=3.763$）的学生。

（3）结论

1）民办高校学生中男生的自我保护能力显著强于女生。

2）民办高校学生中独生子女的自我保护能力明显强于非独生子女。

3）居住在城市的民办高校学生的自我保护能力明显强于居住在乡镇和农村的民办高校学生。

4）父母最高学历为研究生及以上的民办高校学生的自我保护能力明显强于其他民办高校学生。

5）普通民办院校（含独立学院）学生的自我保护能力明显强于民办高等职业院校学生。

6）学校办学层次为本科的民办高校学生的自我保护能力明显强于专科/高职民办高校学生。

7）个人就读专业为本科的民办高校学生的自我保护能力明显强于专科民办高校学生。

8）民办高校大四学生的自我保护能力明显强于其他年级学生，总体上基本呈现出年级越高学生自我保护能力越强的趋势。

9）艺术类学科民办高校学生的自我保护能力明显强于其余学科学生，其他学科民办高校学生的自我保护能力稍弱。

10）就读意向为第一志愿的民办高校学生自我保护能力明显强于其余就读专业意向的学生，其他就读专业意向的民办高校学生自我保护能力稍弱。

11）担任学生干部的民办高校学生的自我保护能力明显强于非学生干部学生。

12）具有创业经历的民办高校学生的自我保护能力明显强于不具有创业经历的学生。

13）有国家助学贷款的民办高校学生的自我保护能力明显强于其他学生。

14）具有兼职经历的民办高校学生的自我保护能力明显强于没有兼职经历的学生。

二、民办高校学生的自主学习能力

自主学习能力是高校学生发展中的重要能力，在知识经济时代，信息容量大、更新速度快，学生需要具备自主学习能力以适应社会发展。提高学生的自主学习能力有利于培养学生良好的学习习惯，促进学生全面发展。

自主学习（self-regulated learning）是一种能力，是学习者能够对自己的学习负责，并能自觉调控自己的学习过程的一种能力。[1]高校学生自主学习能力是大学生在校学习期间能够养成认真负责的学习态度，并能合理监控自身学习过程的一种能力。

研究发现：

在民办高校学生样本中，男生的相关能力普遍强于女生；居住在城市的学生的相关能力普遍强于其他家庭所在地类型的学生；父母最高学历为硕士研究生及以上的学生的相关能力普遍强于其他学生，总体上基本呈现出父母最高学历越高学生相关能力越强的趋势；普通民办院校（含独立学院）学生的相关能力普遍强于高等职业院校学生；办学层次为本科的民办高校学生的相关能力普遍强于专科/高职学生；个人就读专业为本科的民办高校学生的相关能力普遍强于专科学生；民办高校大四学生的相关能力普遍强于其他年级的学生；艺术类学科的学生的相关能力普遍强于其他学科学生；就读意向为第一志愿的学生的相关能力普遍强于其他学生；是学生干部的学生的相关能力普遍强于非学生干部学生；具有创业经历的学生的相关能力普遍强于没有创业经历的学生；有助学贷款的学生的相关能力普遍强于其他学生；具有兼职经历的学生的相关能力普遍强于没有兼职经历的学生。

在评估能力、调节能力、控制能力和计划能力4个维度中，民办高校学生评估能力均

---

[1] 李广凤，刘丽红. 学生英语自主学习能力发展研究——基于大学英语课堂环境的优化［J］. 教育理论与实践，2015，35（3）：49-51.

值最高，达到 3.690；计划能力均值最低，为 3.618（图 5-3）。

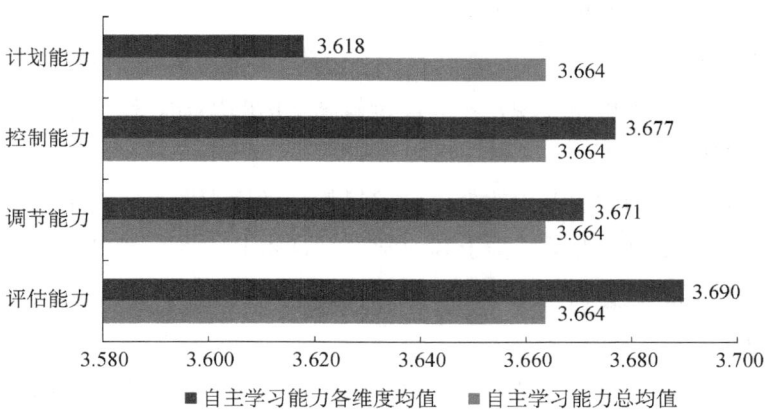

图 5-3　民办高校学生自主学习能力各维度均值图

（一）计划能力

1. 基本情况

计划能力是指在活动中为了达到预期目的对各方面前期准备进行准备的行动方案。计划能力是衡量高校学生自主学习能力的重要指标。

民办高校学生的计划能力水平较低，均值为 3.618，在自主学习能力各维度中均值最低。

2. 差异分析

（1）性别

通过差异显著性水平检验发现，不同性别民办高校学生的计划能力存在显著差异（$p=0.000***<0.001$）。

在不同性别学生分组比较中，民办高校男生（$M=3.656$）的计划能力明显强于女生（$M=3.590$）。

（2）独生子女

通过差异显著性水平检验发现，独生子女和非独生子女民办高校学生的计划能力存在显著差异（$p=0.019*<0.05$）。

在是否独生子女学生分组比较中，独生子女民办高校学生（$M=3.623$）的计划能力明显强于非独生子女（$M=3.614$）。

（3）家庭所在地

通过差异显著性水平检验发现，不同家庭所在地的民办高校学生的计划能力存在显著差异（$p=0.000***<0.001$）。

在不同家庭所在地学生分组比较中，居住在城市的民办高校学生（$M=3.648$）的计划能力明显强于其他家庭所在地类型的学生。

（4）父母最高学历

通过差异显著性水平检验发现，不同父母最高学历的民办高校学生的计划能力存在显著差异（$p=0.000***<0.001$）。

在不同父母最高学历学生分组比较中，父母最高学历为硕士研究生及以上的民办高校学生（$M=3.730$）的计划能力明显强于其他学生，总体上基本呈现出父母最高学历水平越高学生计划能力越强的趋势。

（5）学校类型

通过差异显著性水平检验发现，不同学校类型的民办高校学生的计划能力存在显著差异（$p=0.000***<0.001$）。

在不同学校类型学生分组比较中，普通民办院校（含独立学院）学生（$M=3.625$）的计划能力明显强于高等职业院校学生（$M=3.558$）。

（6）办学层次

通过差异显著性水平检验发现，不同办学层次的民办高校学生的计划能力存在显著差异（$p=0.000***<0.001$）。

在不同办学层次学校学生分组比较中，本科民办高校学生（$M=3.628$）的计划能力明显强于专科/高职学生（$M=3.583$）。

（7）个人就读专业层次

通过差异显著性水平检验发现，不同个人就读专业层次的民办高校学生的计划能力存在显著差异（$p=0.000***<0.001$）。

在不同个人就读专业层次分组比较中，本科专业层次民办高校学生（$M=3.624$）的计划能力明显强于专科学生（$M=3.608$）。

（8）所在年级

通过差异显著性水平检验发现，不同所在年级的民办高校学生的计划能力存在显著差异（$p=0.000***<0.001$）。

在不同所在年级学生分组比较中，民办高校大四学生的计划能力（$M=3.696$）明显强于其他年级学生，总体上呈现出年级越高学生计划能力越强的趋势。

（9）专业所属学科

通过差异显著性水平检验发现，不同专业所属学科的民办高校学生的计划能力存在显著差异（$p=0.000***<0.001$）。

在不同专业所属学科学生分组比较中，艺术类民办高校学生（$M=3.717$）的计划能力明显强于其他学科类型学生。

（10）就读专业意向

通过差异显著性水平检验发现，不同就读专业意向的民办高校学生的计划能力存在显著差异（$p=0.000***<0.001$）。

在不同就读专业意向学生分组比较中，就读意向为第一志愿的民办高校（$M=3.658$）学生计划能力明显强于其他学生。

（11）学生干部

通过差异显著性水平检验发现，学生干部和非学生干部民办高校学生的计划能力存在显著差异（$p=0.000***<0.001$）。

在是否学生干部分组比较中，民办高校学生干部（$M=3.685$）的计划能力明显强于非学生干部（$M=3.553$）。

（12）创业经历

通过差异显著性水平检验发现，不同创业经历民办高校学生的计划能力存在显著差异（$p=0.000***<0.001$）。

在不同创业经历学生分组比较中，具有创业经历的民办高校学生（$M=3.779$）的计划能力明显强于没有创业经历的学生（$M=3.595$）。

（13）助学贷款

通过差异显著性水平检验发现，不同助学贷款情况的民办高校学生的计划能力存在显著差异（$p=0.000***<0.001$）。

在不同助学贷款情况学生分组比较中，有国家助学贷款的民办高校学生（$M=3.671$）的计划能力明显强于其他学生。

（14）兼职经历

通过差异显著性水平检验发现，具有兼职经历和没有兼职经历的民办高校学生计划能力存在显著差异（$p=0.000***<0.001$）。

在是否具有兼职经历学生分组比较中，具有兼职经历的民办高校学生（$M=3.673$）的计划能力明显强于没有兼职经历的学生（$M=3.569$）。

3. 结论

1）民办高校学生中男生的计划能力明显强于女生。

2）民办高校学生中独生子女的计划能力明显强于非独生子女。

3）家庭所在地为城市的学生的计划能力明显强于其他家庭所在地类型的学生。

4）父母最高学历为硕士研究生及以上的民办高校学生的计划能力明显强于其他学生，总体上基本呈现出父母最高学历水平越高学生计划能力越强的趋势。

5）普通民办院校（含独立学院）学生的计划能力明显强于高等职业院校学生。

6）办学层次为本科的民办高校学生的计划能力明显强于专科/高职学生。

7）个人就读专业为本科的民办高校学生的计划能力明显强于专科学生。

8）民办高校大四学生的计划能力明显强于其他年级的学生。

9）艺术类学科的民办高校学生的计划能力明显强于其他学科类型的学生。

10）就读意向为第一志愿的民办高校学生的计划能力明显强于其他学生。

11）是学生干部的民办高校学生的计划能力明显强于非学生干部的学生。

12）具有创业经历的民办高校学生的计划能力明显强于没有创业经历的学生。

13）有国家助学贷款的民办高校学生的计划能力明显强于其他学生。

14）具有兼职经历的民办高校学生的计划能力明显强于没有兼职经历的学生。

（二）控制能力

1. 基本情况

控制能力是主动调节自身行为模式和固有的习惯与倾向，从而使自身行为表现更加符合社会规范的一种能力。①

民办高校学生的控制能力水平较低，均值为3.677，在自主学习能力各维度中均值处于中间水平。

2. 差异分析

（1）性别

通过差异显著性水平检验发现，不同性别的民办高校学生的控制能力存在显著差异（$p=0.000***<0.001$）。

在不同性别学生分组比较中，民办高校男生（$M=3.698$）的控制能力明显强于女生（$M=3.661$）。

（2）独生子女

通过差异显著性水平检验发现，独生子女和非独生子女的民办高校学生的控制能力存在显著差异（$p=0.019*<0.05$）。

在是否独生子女学生分组比较中，不是独生子女的民办高校学生（$M=3.680$）的控制能力明显强于独生子女（$M=3.671$）。

（3）家庭所在地

通过差异显著性水平检验发现，不同家庭所在地的民办高校学生的控制能力存在显著差异（$p=0.000***<0.001$）。

---

① 谭树华，郭永玉. 有限自制力的理论假设及相关研究[J]. 中国临床心理学杂志，2008（3）：309-311.

在不同家庭所在地学生分组比较中，居住在城市的民办高校学生（M=3.693）的控制能力明显强于其他家庭所在地类型的学生。

（4）父母最高学历

通过差异显著性水平检验发现，不同父母最高学历的民办高校学生的控制能力存在显著差异（p=0.000***<0.001）。

在不同父母最高学历学生分组比较中，父母最高学历为硕士研究生的民办高校学生（M=3.755）的控制能力明显强于其他学生，总体上基本呈现出父母最高学历越高学生控制能力越强的趋势。

（5）学校类型

通过差异显著性水平检验发现，不同学校类型的民办高校学生的控制能力存在显著差异（p=0.000***<0.001）。

在不同学校类型分组比较中，普通民办院校（含独立学院）学生（M=3.684）的控制能力明显强于高等职业院校学生（M=3.618）。

（6）办学层次

通过差异显著性水平检验发现，不同学校办学层次的民办高校学生的控制能力存在显著差异（p=0.000***<0.001）。

在不同办学层次学校学生分组比较中，本科民办高校学生（M=3.688）的控制能力明显强于专科/高职学生（M=3.640）。

（7）个人就读专业层次

通过差异显著性水平检验发现，不同个人就读专业层次的民办高校学生的控制能力存在显著差异（p=0.000***<0.001）。

在不同个人就读专业层次学生分组比较中，本科民办高校学生（M=3.683）的控制能力明显强于专科学生（M=3.666）。

（8）所在年级

通过差异显著性水平检验发现，不同所在年级的民办高校学生的控制能力存在显著差异（p=0.000***<0.001）。

在不同所在年级学生分组比较中，民办高校大四学生的控制能力能力（M=3.757）明显强于其他年级的学生，总体上呈现出年级越高学生控制能力越强的趋势。

（9）专业所属学科

通过差异显著性水平检验发现，不同专业所属学科的民办高校学生的控制能力存在显著差异（p=0.000***<0.001）。

在不同专业所属学科学生分组比较中，艺术类学科民办高校学生（M=3.767）的控制能力明显强于其他学科学生。

（10）就读专业意向

通过差异显著性水平检验发现，不同就读专业意向的民办高校学生的控制能力存在显著差异（$p=0.000***<0.001$）。

在不同就读专业意向学生分组比较中，就读意向为第一志愿的民办高校学生（$M=3.715$）的控制能力明显强于其他学生。

（11）学生干部

通过差异显著性水平检验发现，学生干部和非学生干部的民办高校学生的控制能力存在显著差异（$p=0.000***<0.001$）。

在是否学生干部分组比较中，民办高校学生干部学生（$M=3.739$）的控制能力明显强于非学生干部学生（$M=3.617$）。

（12）创业经历

通过差异显著性水平检验发现，不同创业经历的民办高校学生的控制能力存在显著差异（$p=0.000***<0.001$）。

在不同创业经历学生分组比较中，具有创业经历的民办高校学生（$M=3.811$）的控制能力明显强于没有创业经历的学生（$M=3.658$）。

（13）助学贷款

通过差异显著性水平检验发现，不同助学贷款情况的民办高校学生的控制能力存在显著差异（$p=0.000***<0.001$）。

在不同助学贷款情况学生分组比较中，有国家助学贷款的民办高校学生（$M=3.728$）的控制能力明显强于其他学生。

（14）兼职经历

通过差异显著性水平检验发现，是否具有兼职经历的民办高校学生控制能力存在显著差异（$p=0.000***<0.001$）。

在是否具有兼职经历学生分组比较中，具有兼职经历的民办高校学生控制能力（$M=3.725$）明显强于没有兼职经历的学生（$M=3.634$）。

3. 结论

1）民办高校学生中男生的控制能力明显强于女生。

2）非独生子女的民办高校学生的控制能力明显强于独生子女。

3）家庭所在地为城市的民办高校学生的控制能力明显强于其他家庭所在地类型的学生。

4）父母最高学历为硕士研究生及以上的民办高校学生的控制能力明显强于其他学生，总体上基本呈现出父母最高学历越高学生控制能力越强的趋势。

5）普通民办院校（含独立学院）学生的控制能力明显强于高等职业院校学生。

6）办学层次为本科的民办高校学生的控制能力明显强于专科/高职学生。

7）个人就读专业为本科的民办高校学生的控制能力明显强于专科学生。

8）民办高校大四学生的控制能力明显强于其他年级的学生。

9）艺术类学科民办高校学生的控制能力明显强于其他学科学生。

10）就读意向为第一志愿的民办高校学生的控制能力明显强于其他学生。

11）是学生干部的民办高校学生的控制能力明显强于非学生干部学生。

12）具有创业经历的民办高校学生的控制能力明显强于没有创业经历的学生。

13）有国家助学贷款的民办高校学生的控制能力明显强于其他学生。

14）具有兼职经历的民办高校学生的控制能力明显强于没有兼职经历的学生。

（三）调节能力

1. 基本情况

调节能力是调控或转变自己的头脑、情绪、冲动以及行为的能力，尤其是指经过这种转变后，使其符合抱负、价值观、德行以及社会期盼等的标准，以逐渐实现学习者的长期目标。[1][2]

民办高校学生的调节能力均值为3.671，在自主学习能力各维度中均值处于中间水平。

2. 差异分析

（1）性别

通过差异显著性水平检验发现，不同性别民办高校学生的调节能力存在显著差异（$p=0.000^{***}<0.001$）。

在不同性别学生比较中，民办高校男生（$M=3.680$）的调节能力明显强于女生（$M=3.664$）。

（2）家庭所在地

通过差异显著性水平检验发现，不同家庭所在地的民办高校学生的调节能力存在显著差异（$p=0.000^{***}<0.001$）。

在不同家庭所在地学生分组比较中，城市民办高校学生的调节能力（$M=3.690$）明显强于其他家庭所在地类型的学生。

---

[1] Baumeister R F, Vohs K D, Tice D M. The strength model of self-control [J]. Current Directions in Psychological Science, 2007（16）：351-355.

[2] Gailliot M T, Baumeister R F, De Wall C N, et al. Self-control relies on glucose as a limited energy source: Will power is more than a metaphor [J]. Journal of Personality and Social Psychology, 2007, 92（2）：325-336.

（3）父母最高学历

通过差异显著性水平检验发现，不同父母最高学历的民办高校学生的调节能力存在显著差异（$p=0.000***<0.001$）。

在不同父母最高学历学生分组比较中，父母最高学历为硕士研究生及以上的民办高校学生（$M=3.763$）的调节能力明显强于其他学生，总体上基本呈现出父母最高学历水平越高学生调节能力越强的趋势。

（4）学校类型

通过差异显著性水平检验发现，不同学校类型的民办高校学生的调节能力存在显著差异（$p=0.000***<0.001$）。

在不同学校类型学生分组比较中，普通民办院校（含独立学院）学生（$M=3.681$）的调节能力明显强于高等职业院校学生（$M=3.589$）。

（5）办学层次

通过差异显著性水平检验发现，不同学校办学层次的民办高校学生的调节能力存在显著差异（$p=0.000***<0.001$）。

在不同办学层次学校学生分组比较中，办学层次为本科的民办高校学生（$M=3.690$）的调节能力明显强于专科/高职学生（$M=3.608$）。

（6）个人就读专业层次

通过差异显著性水平检验发现，不同个人就读专业层次的民办高校学生的调节能力存在显著差异（$p=0.000***<0.001$）。

在不同个人就读专业层次学生分组比较中，个人就读专业层次为本科的民办高校学生（$M=3.691$）的调节能力明显强于专科学生（$M=3.637$）。

（7）所在年级

通过差异显著性水平检验发现，不同所在年级的民办高校学生的调节能力存在显著差异（$p=0.000***<0.001$）。

在不同所在年级学生分组比较中，民办高校大四学生的调节能力（$M=3.755$）明显强于其他年级的学生，总体上呈现出年级越高学生调节能力越强的趋势。

（8）专业所属学科

通过差异显著性水平检验发现，不同专业所属学科的民办高校学生的调节能力存在显著差异（$p=0.000***<0.001$）。

在不同专业所属学科学生分组比较中，艺术类学科的民办高校学生的调节能力（$M=3.753$）明显强于其他学科的学生。

（9）就读专业意向

通过差异显著性水平检验发现，不同就读专业意向的民办高校学生的调节能力存在显著差异（$p=0.000^{***}<0.001$）。

在不同就读专业意向学生分组比较中，就读意向为第一志愿的民办高校学生的调节能力（$M=3.706$）明显强于其他学生。

（10）学生干部

通过差异显著性水平检验发现，学生干部和非学生干部民办高校学生的调节能力存在显著差异（$p=0.000^{***}<0.001$）。

在是否学生干部分组比较中，是学生干部的民办高校学生的调节能力（$M=3.706$）明显强于非学生干部的学生。

（11）创业经历

通过差异显著性水平检验发现，不同创业经历的民办高校学生的调节能力存在显著差异（$p=0.000^{***}<0.001$）。

在不同创业经历学生分组比较中，具有创业经历的民办高校学生的调节能力（$M=3.804$）明显强于没有创业经历的学生（$M=3.652$）。

（12）助学贷款

通过差异显著性水平检验发现，不同助学贷款情况的民办高校学生的调节能力存在显著差异（$p=0.000^{***}<0.001$）。

在不同助学贷款情况学生分组比较中，有国家助学贷款的民办高校学生（$M=3.714$）调节能力明显强于其他学生。

（13）兼职经历

通过差异显著性水平检验发现，有兼职经历和没有兼职经历的民办高校学生的调节能力存在显著差异（$p=0.000^{***}<0.001$）。

在是否具有兼职经历学生分组比较中，具有兼职经历的民办高校学生的调节能力（$M=3.718$）明显强于没有兼职经历的学生（$M=3.629$）。

3. 结论

1）民办高校学生中男生的调节能力明显强于女生。

2）居住在城市的民办高校学生的调节能力明显强于其他家庭所在地类型的学生。

3）父母最高学历为硕士研究生及以上的民办高校学生的调节能力明显强于其他学生，总体上基本呈现出父母最高学历越高学生调节能力越强的趋势。

4）普通民办院校（含独立学院）学生的调节能力明显强于高等职业院校学生。

5）办学层次为本科的民办高校学生的调节能力明显强于专科/高职学生。

6）个人就读专业为本科的民办高校学生的调节能力明显强于专科学生。

7）民办高校大四学生调节能力明显强于其他年级学生。

8）艺术类学科的民办高校学生的调节能力明显强于其他学科学生。

9）就读意向为第一志愿的民办高校学生的调节能力明显强于其他学生。

10）是学生干部的民办高校学生的调节能力明显强于非学生干部的学生。

11）具有创业经历的民办高校学生的调节能力明显强于没有创业经历的学生。

12）有国家助学贷款的民办高校学生的调节能力明显强于其他学生。

13）具有兼职经历的民办高校学生的调节能力明显强于没有兼职经历的学生。

（四）评估能力

1. 基本情况

评估能力是能够对他人或行为进行打分、评价等判断的能力。评估能力的强弱对自主学习能力的养成有重要影响。

民办高校学生的评估能力水平较低，均值为3.690，在自主学习能力各维度中均值最高。

2. 差异分析

（1）性别

通过差异显著性水平检验发现，不同性别民办高校学生的评估能力存在显著差异（$p=0.000***<0.001$）。

在不同性别学生分组比较中，民办高校男生（$M=3.701$）的评估能力明显强于女生（$M=3.675$）。

（2）独生子女

通过差异显著性水平检验发现，独生子女和非独生子女民办高校学生的评估能力存在显著差异（$p=0.041*<0.05$）。

在是否独生子女学生分组比较中，独生子女民办高校学生的评估能力（$M=3.695$）明显强于非独生子女（$M=3.687$）。

（3）家庭所在地

通过差异显著性水平检验发现，不同家庭所在地的民办高校学生的评估能力存在显著差异（$p=0.000***<0.001$）。

在不同家庭所在地学生分组比较中，城市民办高校学生的评估能力（$M=3.723$）明显强于其他家庭所在地类型的学生。

（4）父母最高学历

通过差异显著性水平检验发现，不同父母最高学历的民办高校学生的评估能力存在显著差异（$p=0.000***<0.001$）。

在不同父母最高学历学生分组比较中，父母最高学历为硕士研究生及以上的民办高校学生（$M=3.814$）的评估能力明显强于其他学生，总体上基本呈现出父母最高学历水平越高学生评估能力越强的趋势。

（5）学校类型

通过差异显著性水平检验发现，不同学校类型的民办高校学生的评估能力存在显著差异（$p=0.000^{***}<0.001$）。

在不同学校类型学生分组比较中，普通民办院校（含独立学院）学生（$M=3.700$）的评估能力明显强于高等职业院校学生（$M=3.610$）。

（6）办学层次

通过差异显著性水平检验发现，不同学校办学层次的民办高校学生的评估能力存在显著差异（$p=0.000^{***}<0.001$）。

在不同办学层次学校学生分组比较中，本科民办高校学生的评估能力（$M=3.709$）明显强于专科/高职学生（$M=3.629$）。

（7）个人就读专业层次

通过差异显著性水平检验发现，不同个人就读专业层次的民办高校学生的评估能力存在显著差异（$p=0.000^{***}<0.001$）。

在不同个人就读专业层次学生分组比较中，个人就读本科专业的民办高校学生的评估能力（$M=3.709$）明显强于专科学生（$M=3.657$）。

（8）所在年级

通过差异显著性水平检验发现，民办高校不同年级学生的评估能力存在显著差异（$p=0.000^{***}<0.001$）。

在不同所在年级学生分组比较中，民办高校大四学生的评估能力（$M=3.760$）明显强于其他年级学生，总体上呈现出年级越高学生的评估能力越强的趋势。

（9）专业所属学科

通过差异显著性水平检验发现，不同专业所属学科的民办高校学生的评估能力存在显著差异（$p=0.000^{***}<0.001$）。

在不同专业所属学科学生分组比较中，艺术类学科的民办高校学生的评估能力（$M=3.772$）明显强于其他学科学生。

（10）就读专业意向

通过差异显著性水平检验发现，不同就读专业意向的民办高校学生的评估能力存在显著差异（$p=0.000^{***}<0.001$）。

在不同就读专业意向学生分组比较中，就读意向为第一志愿的民办高校学生评估能力（$M=3.706$）明显强于其他学生。

（11）学生干部

通过差异显著性水平检验发现，学生干部和非学生干部民办高校学生的评估能力存在显著差异（$p=0.000^{***}<0.001$）。

在是否学生干部分组比较中，学生干部民办高校学生（$M=3.755$）的评估能力明显强于非学生干部学生（$M=3.628$）。

（12）创业经历

通过差异显著性水平检验发现，不同创业经历的民办高校学生的评估能力存在显著差异（$p=0.000^{***}<0.001$）。

在不同创业经历学生分组比较中，具有创业经历的民办高校学生的评估能力（$M=3.840$）明显强于没有创业经历的学生（$M=3.669$）。

（13）助学贷款

通过差异显著性水平检验发现，不同助学贷款情况的民办高校学生的评估能力存在显著差异（$p=0.000^{***}<0.001$）。

在不同助学贷款情况学生分组比较中，有国家助学贷款的民办高校学生的评估能力（$M=3.727$）明显强于其他学生。

（14）兼职经历

通过差异显著性水平检验发现，具有兼职经历没有兼职经历的民办高校学生的评估能力存在显著差异（$p=0.000^{***}<0.001$）。

在是否具有兼职经历学生分组比较中，具有兼职经历的民办高校学生的评估能力（$M=3.737$）明显强于没有兼职经历的学生（$M=3.648$）。

3. 结论

1）民办高校学生中男生的评估能力明显强于女生。
2）独生子女民办高校学生的评估能力明显强于非独生子女。
3）居住在城市的民办高校学生的评估能力明显强于其他家庭所在地类型的学生。
4）父母最高学历为硕士研究生及以上的民办高校学生的评估能力明显强于其他学生，总体上基本呈现出父母最高学历越高学生的评估能力越强的趋势。
5）普通民办院校（含独立学院）学生的评估能力明显强于高等职业院校学生。
6）办学层次为本科的民办高校学生的评估能力明显强于专科/高职学生。
7）个人就读专业为本科的民办高校学生的评估能力明显强于专科学生。
8）大四的民办高校学生的评估能力明显强于其他年级的学生。
9）艺术类的民办高校学生的评估能力明显强于其他学科学生。
10）第一志愿的民办高校学生的评估能力明显强于其他学生。

11）是学生干部的民办高校学生的评估能力明显强于非学生干部的学生。

12）具有创业经历的民办高校学生的评估能力明显强于没有创业经历的学生。

13）有国家助学贷款的民办高校学生的评估能力明显强于其他学生。

14）具有兼职经历的民办高校学生的评估能力明显强于没有兼职经历的学生。

三、民办中小学学生学习能力

学习能力的发展对中小学学生的发展至关重要，是个体生存和发展所具备的重要能力。学习能力的发展有利于保障个体顺利完成规定的学习任务，同时也为个体的终身学习准备了前提条件。

学习能力（learning ability）一般包括获取、分享、运用和创造知识的能力，是可以促进学生发展和生长的能力，既可以是学生所呈现的活力，也可以是学生所具有的能量。①

研究发现：

在民办中小学学生样本中，没有留过级的民办中小学学生的相关能力普遍强于留过级的学生；家中书籍数量很多的民办中小学学生的相关能力普遍强于其他学生；父母最高学历为硕士及以上的民办中小学学生的相关能力普遍强于其他学生；家庭经济条件很富裕的民办中小学学生的相关能力普遍强于其他学生。

在社交能力、应对能力和学业能力3个维度中，民办中小学学生的社交能力均值最高，达到3.570；学业能力均值最低，为3.510；应对能力均值居中（图5-4）。

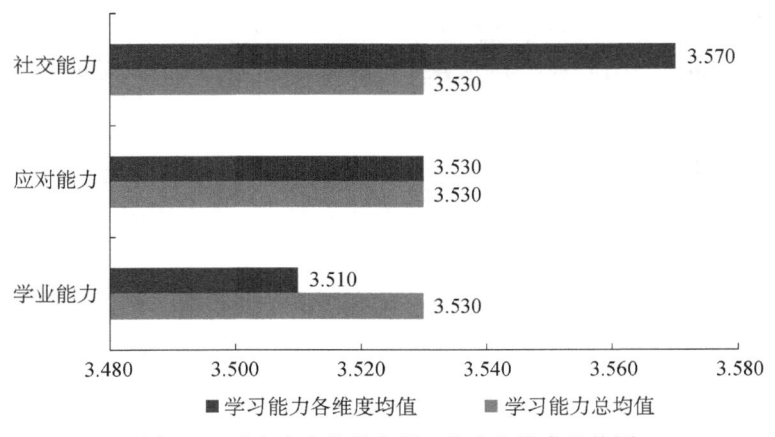

图 5-4　民办中小学学生学习能力各维度均值图

---

① 裴娣娜. 学习力：诠释学生学习与发展的新视野[J]. 课程·教材·教法，2016（7）：3-9.

（一）学业能力

1. 基本情况

学业能力是指学生对自己学业方面的特长、能力和知识形成的稳定的知觉和评价。[①] 民办中小学学生的学业能力不强，均值为 3.510，在学习能力各维度中均值最低。

2. 差异分析

（1）留级情况

通过差异显著性水平检验发现，不同留级情况民办中小学学生的学业能力存在显著差异（$p=0.000***<0.001$）。

在不同留级情况学生分组比较中，没有留过级的民办中小学学生的学业能力（$M=3.554$）明显强于留过级的学生（$M=3.172$）。

（2）家中书籍数量

通过差异显著性水平检验发现，不同家中书籍数量的民办中小学学生的学业能力存在显著差异（$p=0.000***<0.001$）。

在不同家中书籍数量学生分组比较中，家中书籍很多的民办中小学学生的学业能力（$M=3.946$）明显强于其他学生，总体上呈现家中书籍越多学生的学业能力越强的趋势。

（3）父母最高学历

通过差异显著性水平检验发现，不同父母最高学历的民办中小学学生的学业能力存在显著差异（$p=0.000***<0.001$）。

在不同父母最高学历学生分组比较中，父母最高学历为硕士及以上的民办中小学学生的学业能力（$M=4.033$）明显强于其他学生，总体上基本呈现出父母最高学历水平越高学生学业能力越强的趋势。

（4）家庭经济条件

通过差异显著性水平检验发现，不同家庭经济条件的民办中小学学生的学业能力存在显著差异（$p=0.000***<0.001$）。

在不同家庭经济条件学生分组比较中，家庭经济条件很富裕的民办中小学学生的学业能力（$M=4.118$）明显强于其他学生，总体上基本呈现出家庭经济条件越好学生学业能力越强的趋势。

[①] 郭成，何晓燕，张大均. 学业自我概念及其与学业成绩关系的研究述评[J]. 心理科学，2006（1）：133-136.

3. 结论

1）没有留过级的民办中小学学生的学业能力明显强于留过级的学生。

2）家中书籍很多的民办中小学学生的学业能力明显强于其他学生。

3）父母最高学历为硕士及以上的民办中小学学生的学业能力明显强于其他学生，总体上基本呈现出父母最高学历越高学生的学业能力越强的趋势。

4）家庭经济条件很富裕的民办中小学学生的学业能力明显强于其他学生，总体上基本呈现出家庭经济条件越好学生的学业能力越强的趋势。

（二）应对能力

1. 基本情况

应对能力是指个体在应激环境或事件中，对该环境或事件在认知和行为上所做出的反应能力，以此来缓解应激事件所带来的影响。[①]

民办中小学学生的应对能力均值为3.530，在学习能力各维度均值中均值处于中间水平。

2. 差异分析

（1）性别

通过差异显著性水平检验发现，不同性别民办中小学学生的应对能力存在显著差异（$p=0.000^{***}<0.001$）。

在不同性别学生分组比较中，民办中小学女生的应对能力（$M=3.571$）明显强于男生（$M=3.507$）。

（2）留级情况

通过差异显著性水平检验发现，不同留级情况的民办中小学学生的应对能力存在显著差异（$p=0.000^{***}<0.001$）。

在不同留级情况学生分组比较中，没有留过级的民办中小学学生的应对能力（$M=3.571$）明显强于留过级的学生（$M=3.233$）。

（3）家中书籍数量

通过差异显著性水平检验发现，不同家中书籍数量的民办中小学学生的应对能力存在显著差异（$p=0.000^{***}<0.001$）。

在不同家中书籍数量学生分组比较中，家中书籍很多的民办中小学学生的应对能力

---

① 欧冬梅. 中职生情绪智力、应对方式与师生关系的关系研究［D］. 桂林：广西师范大学，2017.

（M=3.946）明显强于其他学生，总体上呈现出家中书籍越多学生的学业能力越强的趋势。

（4）父母最高学历

通过差异显著性水平检验发现，不同父母最高学历的民办中小学学生的应对能力存在显著差异（p=0.000***<0.001）。

在不同父母最高学历学生分组比较中，父母最高学历为硕士及以上的民办中小学学生的应对能力（M=4.033）明显强于其他学生，总体上基本呈现出父母最高学历水平越高学生的应对能力越强的趋势。

（5）家庭经济条件

通过差异显著性水平检验发现，不同家庭经济条件的民办中小学学生的应对能力存在显著差异（p=0.000***<0.001）。

在不同家庭经济条件分组比较中，家庭经济条件很富裕的民办中小学学生的应对能力（M=4.118）明显强于其他学生，总体上基本呈现出家庭经济条件越好学生应对能力越强的趋势。

3. 结论

（1）民办中小学女生的对应能力明显强于男生。

（2）没有留过级的民办中小学学生的应对能力明显强于留过级的学生。

（3）家中书籍很多的民办中小学学生的应对能力明显强于其他学生。

（4）父母最高学历为硕士及以上的民办中小学学生的应对能力明显强于其他学生，总体上基本呈现出父母最高学历越高学生应对能力越强的趋势。

（5）家庭经济条件很富裕的民办中小学学生的应对能力明显强于其他学生，总体上基本呈现出家庭经济条件越好学生应对能力越强的趋势。

（三）社交能力

1. 基本情况

社交能力是指个体与个体之间通过语言、文字、表情、动作等相互交流、相互影响的能力。[①]

民办中小学学生的社交能力水平较高，均值为3.570，在学习能力各维度均值中最高。

---

① 冷云峰. 提升社交障碍少年人际交往能力的小组社会工作实践［D］. 长春：长春工业大学，2017.

2. 差异分析

（1）性别

通过差异显著性水平检验发现，不同性别民办中小学学生的社交能力存在显著差异（$p=0.000***<0.001$）。

在不同性别学生分组比较中，民办中小学女生的社交能力（$M=3.603$）明显强于男生（$M=3.552$）。

（2）独生子女

通过差异显著性水平检验发现，独生子女和非独生子女民办中小学学生的社交能力存在显著差异（$p=0.014*<0.05$）。

在是否独生子女学生分组比较中，独生子女民办中小学学生的社交能力（$M=3.602$）明显强于非独生子女（$M=3.564$）。

（3）留级情况

通过差异显著性水平检验发现，不同留级情况的民办中小学学生的社交能力存在显著差异（$p=0.000***<0.001$）。

在不同留级情况学生分组比较中，没有留过级的民办中小学学生的社交能力（$M=3.610$）明显强于留过级的学生（$M=3.283$）。

（4）家中书籍数量

通过差异显著性水平检验发现，不同家中书籍数量民办中小学学生的社交能力存在显著差异（$p=0.000***<0.001$）。

在不同家中书籍数量学生分组比较中，家中书籍很多的民办中小学学生的社交能力明显强于其他学生。

（5）父母最高学历

通过差异显著性水平检验发现，不同父母最高学历的民办中小学学生的社交能力存在显著差异（$p=0.000***<0.001$）。

在不同父母最高学历学生分组比较中，父母最高学历为硕士及以上的民办中小学学生的社交能力（$M=4.056$）明显强于其他学生，总体上基本呈现出父母最高学历水平越高学生社交能力越强的趋势。

（6）家庭经济条件

通过差异显著性水平检验发现，不同家庭经济条件的民办中小学学生的社交能力存在显著差异（$p=0.000***<0.001$）。

在不同家庭经济条件学生分组比较中，家庭经济条件很富裕的民办中小学学生的社交能力（$M=4.134$）明显强于其他学生，总体上基本呈现出家庭经济条件越好学生社交能力越强的趋势。

3. 结论

1）民办中小学女生的社交能力明显强于男生。

2）民办中小学学生中独生子女的社交能力明显强于非独生子女。

3）没有留过级的民办中小学学生的社交能力明显强于留过级的学生。

4）家中书籍数量很多的民办中小学学生的社交能力明显强于其他学生。

5）父母最高学历为硕士及以上的民办中小学学生的社交能力明显强于其他学生，总体上基本呈现出父母最高学历越高学生社交能力越强的趋势。

6）家庭经济条件很富裕的民办中小学学生的社交能力明显强于其他学生，总体上基本呈现出家庭经济条件越好学生社交能力越强的趋势。

第三部分

民办学校师生发展感受报告

第六章 民办学校教师队伍建设和效能感

> **内容提要**
> 本章调查了东、中、西部民办高校和民办中小学教师的发展感受,运用数据和图形展示了民办学校教师队伍建设和效能感的情况。

一、民办学校教师队伍建设

教师队伍建设(the construction of teaching staff)是测量民办学校教师发展感受的重要指标。民办学校的健康快速发展需要一批稳定、高素质的教师队伍,教师队伍的专业发展、薪资福利和其他保障直接关系到教师队伍建设的质量,是保障教师队伍发展的重要着力点。对教师队伍建设情况的测量包括 3 个指标,分别是专业发展、薪资福利和其他保障。教师专业发展是指教师作为从业人员在整个职业生涯不断学习专业知识,进行专业技能训练,提升专业素养,从而促进专业化发展的过程。[①]薪资是指组织对员工的酬劳和制度激励措施。教师薪资福利是指教师因支付脑力劳动而从学校组织中获得的各种物质和非物质的劳动报酬。其他保障是指民办教师除了薪资福利外享受的其他权利和利益。专业发展:本书研究主要调研了教师对任职单位提供的职业发展机会和保障条件水平的感受。薪资福利:本书研究主要调研了教师对任职单位提供的工资水平、五险一金等福利的感受。其他保障:本书研究主要调研了教师对任职单位提供的除基本薪资福利保障外的生活福利的感受。

研究发现,在民办高校教师样本中,博士和正高级教师群体的各指标水平最高,整体呈现出学历和职称越高各指标水平越高的趋势;农医类教师群体各指标水平最高,人文社科和艺术类教师各指标水平相对较低;各指标水平随着教师课时量和通勤时间增加而降低;收支富裕程度越高各指标水平越高;校领导群体各指标水平最高,校部中层次之,总体上呈现职务越高各指标水平越高的趋势。

在民办中小学教师样本中,女教师各指标的水平高于男教师;全职教师各指标的水平

---

① 瞿葆奎,郑金洲.中国教育研究新发展[M].上海:华东师范大学出版社,2005:426-427.

高于兼职教师；小教高级职称教师群体各指标的水平最高；教务主任群体各指标的水平最高；教师各指标的水平随着年龄的增长不断提高，30岁以上的民办中小学教师随着年龄增长各指标的水平不断降低；收支富裕程度越高各指标的水平越高。

（一）民办高校教师队伍建设

在专业发展、薪资福利和其他保障3个维度中，专业发展均值最高，达到3.574；其他保障均值最低，为3.168；薪资福利均值居中（图6-1）。

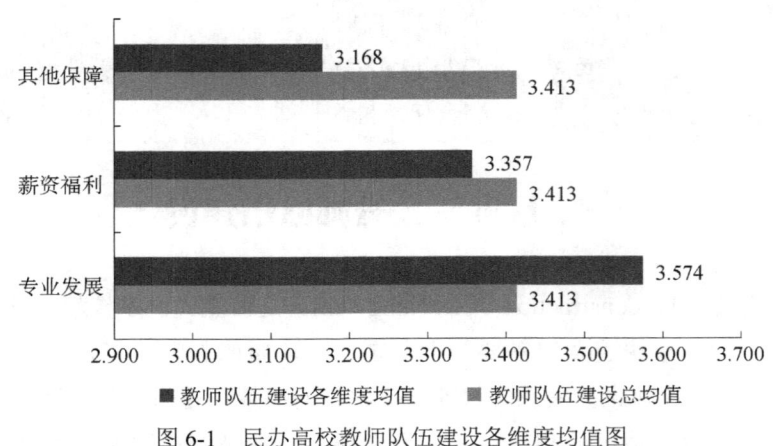

图6-1 民办高校教师队伍建设各维度均值图

1. 专业发展

（1）基本情况

民办高校教师的专业发展情况较好，均值为3.574，在高校教师队伍建设各维度中均值最高。

（2）差异分析

1）年龄

通过显著性水平检验发现，不同年龄民办高校教师的专业发展存在显著差异（$p=0.039*<0.05$）。

在不同年龄分组比较中，25岁以下（$M=3.611$）及36～40岁（$M=3.611$）两个民办高校教师群体的专业发展感受较好。

2）学历

通过差异显著性水平检验发现，不同学历民办高校教师的专业发展存在显著差异（$p=0.000***<0.001$）。

在不同学历教师分组比较中，博士学历民办高校教师的专业发展感受最好（$M=$

3.769），专科及以下学历到硕士学历教师的专业发展感受呈逐渐下降的趋势。

3）职称

通过差异显著性水平检验发现，不同职称民办高校教师的专业发展存在显著差异（$p=0.000***<0.001$）。

在不同职称教师分组比较中，正高级职称民办高校教师的专业发展感受（$M=3.848$）最好，总体呈现出职称越高专业发展感受越高的趋势。

4）学科

通过差异显著性水平检验发现，不同任教所属学科的民办高校教师的专业发展存在显著差异（$p=0.013*<0.05$）。

在不同职称教师分组比较中，农医类民办高校教师专业发展感受（$M=3.629$）最高，人文社科类（$M=3.558$）和艺术类民办高校教师（$M=3.575$）的专业发展感受相对较低。

5）本学期承担课程门数

通过差异显著性水平检验发现，承担不同课程门数的民办高校教师的专业发展存在显著差异（$p=0.000***<0.001$）。

在不同承担门数教师分组比较中，承担2门课程的民办高校教师的专业发展感受（$M=3.603$）最高，承担2门及以上的教师专业水平随课程门数增加而降低。

6）周课时

通过差异显著性水平检验发现，不同周课时的民办高校教师的专业发展存在显著差异（$p=0.000***<0.001$）。

在不同周课时教师分组比较中，承担30课时以上的民办高校教师的专业发展感受（$M=3.651$）最高，承担16～30课时的教师的专业水平（$M=3.525$）相对较低。

7）上班单程所花费时间

通过差异显著性水平检验发现，不同单程上班时间的民办高校教师的专业发展存在显著差异（$p=0.000***<0.001$）。

在不同单程上班时间教师分组比较中，单程上班时间在半小时内的教师的专业发展感受最高（$M=3.631$），总体上呈现出上班单程时间所花费越少专业发展感受越高的趋势。

8）收支情况

通过差异显著性水平检验发现，不同收支情况民办高校教师的专业发展存在显著差异（$p=0.000***<0.001$）。

在不同收支情况教师分组比较中，收支很富裕的教师的专业发展感受（$M=3.988$）最高，总体上呈现出收支越高教师的专业发展感受越高的趋势。

9）职务

通过差异显著性水平检验发现，担任不同职务的民办高校教师的专业发展存在显著差异（$p=0.000^{***}<0.001$）。

在不同职务教师分组比较中，校领导群体的专业发展感受（$M=3.934$）最高，校部中层（$M=3.692$）次之，总体上呈现出职务越高教师的专业发展感受越高的趋势。

（3）结论

1）25 岁以下及 36～40 岁两个民办高校教师群体的专业发展感受更好。

2）博士学历民办高校教师群体的专业发展最好，从专科及以下到硕士学历的教师的专业发展感受呈逐渐下降的趋势。

3）正高级民办高校教师群体的专业发展最好，总体呈现职称越高专业发展感受越高的趋势。

4）农医类民办高校教师群体的专业发展感受最高，人文社科类和艺术类教师的专业发展感受相对较低。

5）承担 2 门课的民办高校教师的专业发展感受最高，在承担 2 门及以上课的教师中，专业发展感受随课程门数增加而降低。

6）承担 30 课时以上的民办高校教师的专业发展感受最高，承担 16～30 课时的教师的专业发展感受相对较低。

7）单程上班时间在半小时内的民办高校教师专业发展感受最高，总体上呈现出单程上班时间越短专业发展感受越高的趋势

8）民办高校收支很富裕的教师群体的专业发展感受最高，总体上呈现收支富裕程度越高教师专业发展感受越高的趋势。

9）民办高校校领导群体的专业发展感受最高，校部中层次之，总体上呈现出职务越高教师的专业发展感受越高的趋势。

2. 薪资福利

（1）基本情况

民办高校教师的薪资福利情况良好，均值为 3.357，在高校教师队伍建设各维度中处于中等水平。

（2）差异分析

1）办学层次

通过差异显著性水平检验发现，不同办学层次民办高校教师的薪资福利存在显著差异（$p=0.000^{***}<0.001$）。

在不同办学层次学校教师分组比较中，专科层次民办高校教师的薪资福利感受（$M=$

3.423）优于本科层次民办高校教师（M=3.330）。

2）性别

通过差异显著性水平检验发现，不同性别民办高校教师的薪资福利存在显著差异（p=0.011*<0.05）。

在不同性别教师分组比较中，民办高校男教师（M=3.388）的薪资福利感受优于女教师（M=3.341）。

3）身份

通过差异显著性水平检验发现，不同身份民办高校教师的薪资福利存在显著差异（p=0.000***<0.001）。

在不同身份教师分组比较中，民办高校兼职教师的薪资福利感受（M=3.470）优于全职教师（M=3.349）。

4）年龄

通过差异显著性水平检验发现，不同年龄民办高校教师的薪资福利存在显著差异（p=0.000***<0.001）。

在不同年龄教师分组比较中，25岁及以下教师的薪资福利感受（M=3.550）最高，30到60岁的教师群体中，薪资福利感受随年龄增长呈逐渐上升趋势。

5）教龄

通过差异显著性水平检验发现，不同教龄民办高校教师的薪资福利存在显著差异（p=0.000***<0.001）。

在不同教龄教师分组比较中，教龄31年及以上的教师群体的薪资福利感受（M=3.496）最高，对于教龄10年以上教师，总体上呈现出教龄越长薪资福利感受越高的趋势。

6）本校工作年限

通过差异显著性水平检验发现，不同本校工作年限民办高校教师的薪资福利存在显著差异（p=0.000***<0.001）。

在不同本校工作年限教师分组比较中，工作年限15年以上的教师的薪资福利感受最高（M=3.439），工作1~15年的教师中，薪资福利感受随工作年限呈逐渐下降趋势，工作15年以上的教师群体的薪资福利随工作年限不断提升。

7）学历

通过差异显著性水平检验发现，不同学历民办高校教师的薪资福利存在显著差异（p=0.000***<0.001）。

在不同学历教师分组比较中，硕士及以下学历民办高校群体，学历越高，薪资福利感受越低。博士学历教师的薪资福利感受（M=3.542）最高。

8）职称

通过差异显著性水平检验发现，不同职称民办高校教师的薪资福利存在显著差异（$p=0.000***<0.001$）。

在不同职称教师分组比较中，民办高校副高级及以下职称级别群体的薪资福利感受相对持平，正高级群体的薪资福利感受（$M=3.688$）有较大幅度提升。

9）学科

通过差异显著性水平检验发现，不同学科民办高校教师的薪资福利存在显著差异（$p=0.000***<0.001$）。

在不同学科教师分组比较中，民办高校教师中，农医类教师的薪资福利感受（$M=3.494$）最高，人文社科（$M=3.318$）和艺术类（$M=3.283$）学科教师的薪资福利感受相对较低。

10）本学期承担课程门数

通过差异显著性水平检验发现，承担不同课程门数的民办高校教师的薪资福利存在显著差异（$p=0.000***<0.001$）。

在不同课程门数教师分组比较中，整体上承担课程门数越多教师的薪资福利感受越低。

11）周课时

通过差异显著性水平检验发现，承担不同周课时数的民办高校教师的薪资福利存在显著差异（$p=0.000***<0.001$）。

在不同周课时数教师分组比较中，课时量在10小时以下的教师的薪资福利感受最高（$M=3.437$），对于周课时为30小时以下的教师，随着课时增加，薪资福利感受逐渐下降，周课时超过30小时后薪资福利（$M=3.401$）又逐渐提升。

12）上班单程所花费时间

通过差异显著性水平检验发现，不同单程上班时间的民办高校教师的薪资福利存在显著差异（$p=0.000***<0.001$）。

在不同单程上班时间教师分组比较中，单程上班时间在半小时到1小时的教师的薪资福利感受最高（$M=3.463$），整体上随着通勤时间的增加薪资福利感受逐渐降低。

13）收支情况

通过差异显著性水平检验发现，不同收支情况民办高校教师的薪资福利存在显著差异（$p=0.000***<0.001$）。

在不同收支情况教师分组比较中，教师的收支富裕程度与薪资福利感受呈现明显正相关。

14）职务

通过差异显著性水平检验发现，不同职务民办高校教师的薪资福利存在显著差异

（$p=0.000***<0.001$）。

在不同职务教师分组比较中，校领导的薪资福利感受（$M=3.878$）最高，其次为专职科研人员（$M=3.540$）及校部中层（$M=3.483$），其余群体的薪资福利感受基本持平。

（3）结论

1）专科层次民办高校教师的薪资福利感受优于本科层次民办高校教师。

2）民办高校男教师的薪资福利感受优于女教师。

3）民办高校兼职教师的薪资福利感受优于全职教师。

4）民办高校 25 岁及以下教师的薪资福利感受最高，30～60 岁的教师群体中，薪资福利感受随年龄呈逐渐上升趋势。

5）民办高校 31 年以上教龄的教师的薪资福利感受最高，在教龄 10 年以上教师中，总体上呈现出教龄越长薪资福利感受越高的趋势。

6）在民办高校工作 1～15 年的群体中，薪资福利感受随工作年限呈逐渐下降趋势，工作 15 年以上的教师群体的薪资福利感受随工作年限不断提升。

7）民办高校硕士及以下学历教师群体中，随着学历升高薪资福利感受逐渐下降，博士学历群体的薪资福利感受最高。

8）民办高校副高级及以下职称群体的薪资福利感受相对持平，正高级群体的薪资福利感受有较大幅度提升。

9）民办高校中农医类教师的薪资福利感受最高，人文社科和艺术类教师的薪资福利感受相对较低。

10）民办高校教师承担的课程门数越多薪资福利感受越低。

11）周课时量在 30 课时以下的教师群体中，随着课时增加薪资福利逐渐下降，超过 30 课时后薪资福利又随课时数增加而逐渐提升。

12）随着民办高校教师单程上班时间的增加，薪资福利感受逐渐降低。

13）民办高校教师的收支富裕程度与薪资福利感受呈现明显正相关。

14）民办高校校领导的薪资福利感受最高，其次为专业科研人员及校部中层，其余群体的薪资福利感受基本持平。

3. 其他保障

（1）基本情况

民办高校教师的其他保障均值为 3.168，在高校教师队伍建设各维度中处于较低水平。

（2）差异分析

1）办学层次

通过差异显著性水平检验发现，不同办学层次民办高校教师的其他保障存在显著差异

（$p=0.001**<0.01$）。

在不同办学层次学校教师分组比较中，专科层次民办高校教师的其他保障感受（$M=3.470$）优于本科层次民办高校教师（$M=3.217$）。

2）性别

通过差异显著性水平检验发现，不同性别民办高校教师的其他保障存在显著差异（$p=0.018*<0.05$）。

在不同性别教师分组比较中，民办高校男教师的其他保障感受（$M=3.201$）优于女教师（$M=3.150$）。

3）身份

通过差异显著性水平检验发现，不同身份民办高校教师的其他保障存在显著差异（$p=0.000***<0.001$）。

在不同身份教师分组比较中，民办高校兼职教师的其他保障感受（$M=3.387$）优于全职教师（$M=3.152$）。

4）年龄

通过差异显著性水平检验发现，不同年龄民办高校教师的其他保障存在显著差异（$p=0.000***<0.001$）。

在不同年龄教师分组比较中，25岁及以下教师的其他保障感受（$M=3.502$）最高，30～60岁教师群体的其他保障感受基本相同。

5）教龄

通过差异显著性水平检验发现，不同教龄民办高校教师的其他保障存在显著差异（$p=0.000***<0.001$）。

在不同年龄教师分组比较中，31年教龄及以上教师的其他保障感受（$M=3.340$）最高，整体上以11～20年（$M=3.059$）为分界点其他保障与教龄呈"V"型关系。

6）本校工作年限

通过差异显著性水平检验发现，不同本校工作年限民办高校教师的其他保障存在显著差异（$p=0.000***<0.001$）。

在不同本校工作年限教师分组比较中，工作1～5年的教师的其他保障感受最高（$M=3.243$），工作1～15年的民办高校教师中，其他保障感受随工作年限的增长呈逐渐下降趋势。

7）学历

通过差异显著性水平检验发现，不同学历民办高校教师的其他保障存在显著差异（$p=0.000***<0.001$）。

在不同学历教师分组比较中，民办高校硕士学历教师群体的其他保障感受（$M=$

3.088）最低，专科及以下学历教师的保障水平（M=3.516）最高。

8）职称

通过差异显著性水平检验发现，不同职称民办高校教师的其他保障存在显著差异（p=0.000***<0.001）。

在不同职称教师分组比较中，从中级职称（M=3.073）开始，职称越高，教师群体的其他保障感受越高。

9）学科

通过差异显著性水平检验发现，不同学科民办高校教师的其他保障存在显著差异（p=0.000***<0.001）。

在不同学科教师分组比较中，农医类学科民办高校教师群体的其他保障感受（M=3.287）最高，人文社科类（M=3.130）和艺术类（M=3.083）学科教师的其他保障感受相对较低。

10）本学期承担课程门数

通过差异显著性水平检验发现，承担不同课程门数的民办高校教师的其他保障存在显著差异（p=0.000***<0.001）。

在承担不同课程门数教师分组比较中，民办高校教师的其他保障感受随着课程门数的增多而降低。

11）周课时

通过差异显著性水平检验发现，承担不同周课时数民办高校教师的其他保障存在显著差异（p=0.000***<0.001）。

在承担不同周课时数教师分组比较中，周课时10小时以下的教师的其他保障感受最高（M=3.283），周课时数为30以内的教师中，其他保障感受随着课时数增多而降低。

12）上班单程所花费时间

通过差异显著性水平检验发现，不同单程上班时间的民办高校教师的其他保障存在显著差异（p=0.000***<0.001）。

在不同单程上班时间教师分组比较中，单程上班时间半小时以内的教师的其他保障感受最高（M=3.290），单程上班时间在2小时内的民办高校教师中，其他保障感受随着单程上班时间变长而降低。

13）收支情况

通过差异显著性水平检验发现，不同收支情况民办高校教师的其他保障存在显著差异

（$p=0.000***<0.001$）。

在不同收支情况教师分组比较中，民办高校教师的收支富裕程度与其他保障感受呈正相关。

14）职务

通过差异显著性水平检验发现，不同职务民办高校教师的其他保障存在显著差异（$p=0.000***<0.001$）。

在不同职务教师分组比较中，校领导的其他保障感受（$M=3.810$）最高，专职科研人员（$M=3.530$）、校部中层（$M=3.339$）次之，专职教师的其他保障感受（$M=3.132$）最低。

（3）结论

1）专科层次民办高校教师的其他保障感受优于本科层次民办高校教师。

2）民办高校男教师的其他保障感受优于女教师。

3）民办高校兼职教师的其他保障感受优于全职教师。

4）25岁及以下民办高校教师的其他保障感受最高，30～60岁教师群体的其他保障感受基本相同。

5）教龄31年及以上民办高校教师的其他保障感受最高，整体上以11～20年教龄为分界点其他保障感受与教龄呈"V"型关系。

6）本校工作年限在1～15年的民办高校教师群体的其他保障感受随工作年限的增长呈逐渐下降趋势。

7）硕士学历民办高校教师群体的其他保障感受最低，专科及以下学历教师的其他保障感受最高。

8）在不同职称分组比较中，从中级职称开始，职称越高，教师群体的其他保障感受越高。

9）农医类学科民办高校教师群体的其他保障感受最高，人文社科类和艺术类学科教师的其他保障感受相对较低。

10）民办高校教师的其他保障感受随着课程门数增多而降低。

11）周课时数30以内的民办高校教师中，其他保障感受随着课时数增多而降低。

12）单程上班时间在2小时内民办高校教师的其他保障感受随着通勤时间变长而降低。

13）民办高校教师收支富裕程度与其他保障感受呈现正相关。

14）在不同职称分组比较中，民办高校校领导的其他保障感受最高，专职科研人员次之，专职教师的其他保障感受最低。

（二）民办中小学教师队伍建设

在专业发展、薪资福利和其他保障3个维度中，民办中小学教师的专业发展均值最高，达到3.624；薪资福利均值最低，为3.290；其他保障均值居中（图6-2）。

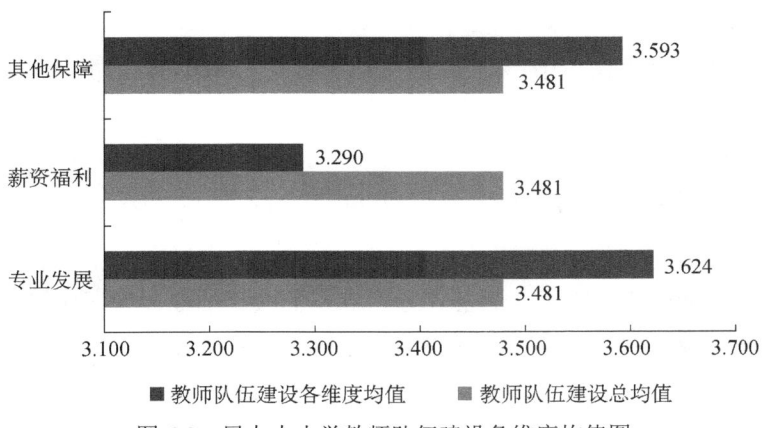

图 6-2 民办中小学教师队伍建设各维度均值图

1. 专业发展

（1）基本情况

民办中小学教师的专业发展较好，均值为3.624，在教师队伍建设各维度中均值最高。

（2）差异分析

1）学校类型

通过差异显著性水平检验发现，不同学校类型教师的专业发展存在显著差异（$p=0.000***<0.001$）。

在不同学校类型分组比较中，小学教师的专业发展感受最高（$M=3.745$），从小学至中学教师专业发展感受逐渐降低。

2）性别

通过差异显著性水平检验发现，不同性别民办中小学教师的专业发展存在显著差异（$p=0.000***<0.001$）。

在不同性别教师分组比较中，民办中小学女教师的专业发展感受（$M=3.663$）高于男教师（$M=3.535$）。

3）身份

通过差异显著性水平检验发现，不同身份民办中小学教师的专业发展存在显著差异（$p=0.045*<0.05$）。

在不同身份教师分组比较中，民办中小学兼职教师的专业发展感受（$M=3.629$）高于全职教师（$M=3.504$）。

4）年龄

通过差异显著性水平检验发现，不同年龄民办中小学教师的专业发展存在显著差异（$p=0.011*<0.05$）。

在不同年龄教师分组比较中，对于30岁以上的民办中小学教师，随着年龄增长其专业发展感受不断降低。

5）教龄

通过差异显著性水平检验发现，不同教龄民办中小学教师的专业发展存在显著差异（$p=0.035*<0.05$）。

在不同教龄教师分组比较中，教龄在6～10年的教师的专业发展感受（$M=3.673$）最高，31年以上教龄教师群体的专业发展感受（$M=3.506$）最低。

6）本校工作年限

通过差异显著性水平检验发现，不同本校工作年限的民办中小学教师的专业发展存在显著差异（$p=0.001**<0.01$）。

在不同本校工作年限教师分组比较中，工作年限在15年以上的教师的专业发展感受最高（$M=3.776$），民办中小学教师在本校工作年限越长，其专业发展感受越高。

7）职称

通过差异显著性水平检验发现，不同职称民办中小学教师的专业发展存在显著差异（$p=0.000***<0.001$）。

在不同职称教师分组比较中，民办中小学小教高级职称教师的专业发展感受（$M=3.930$）最高，无职称教师的专业发展感受（$M=3.555$）最低。

8）学科

通过差异显著性水平检验发现，不同学科民办中小学教师的专业发展存在显著差异（$p=0.002**<0.01$）。

在不同学科教师分组比较中，民办中小学艺术类学科教师的专业发展感受（$M=3.709$）最高，政史地社教师专业发展感受（$M=3.521$）最低。

9）本学期承担课程门数

通过差异显著性水平检验发现，承担不同课程门数的民办中小学教师的专业发展存在显著差异（$p=0.015*<0.05$）。

在不同课程门数教师分组比较中，承担5门课以上的民办中小学教师的专业发展感受（$M=3.850$）最高。

10）周课时

通过差异显著性水平检验发现，承担不同周课时的民办中小学教师的专业发展感受存在显著差异（$p=0.000***<0.001$）。

在不同周课时教师分组比较中，课时量为10课时以下的教师的专业发展感受最高（$M=3.791$），民办中小学教师的专业发展感受随着授课课时的增加而不断下降。

11）上班单程所花费时间

通过差异显著性水平检验发现，不同单程上班时间民办中小学教师专业发展存在显著差异（$p=0.000***<0.001$）。

在不同单程上班时间教师分组比较中，单程上班时间半小时内的教师专业发展感受最高（$M=3.657$），民办中小学教师的专业发展感受随单程上班时间增加而不断下降。

12）收支情况

通过差异显著性水平检验发现，不同收支情况的民办中小学教师的专业发展存在显著差异（$p=0.000***<0.001$）。

在不同收支情况教师分组比较中，收支越富裕的民办中小学教师，其专业发展感受越高，但很富裕群体的专业发展感受（$M=3.526$）又有所下降。

13）职务

通过差异显著性水平检验发现，不同职务民办中小学教师的专业发展存在显著差异（$p=0.000***<0.001$）。

在不同职务教师分组比较中，担任教务主任职务的民办教师的专业发展感受（$M=3.889$）最高，整体发展走向以教务主任为顶点呈现倒"V"型。

（3）结论

1）学校办学层次越高教师的专业发展感受越低。

2）民办中小学女教师的专业发展感受高于男教师。

3）民办中小学兼职教师的专业发展感受高于全职教师。

4）对于民办中小学30岁以上的教师，随着年龄增长，其专业发展感受不断降低。

5）民办中小学教龄在6～10年的教师群体的专业发展感受最高，31年以上教龄教师群体的专业发展感受最低。

6）民办中小学教师在本校工作年限越长专业发展感受越高。

7）民办中小学小教高级职称教师的专业发展感受最高，无职称教师的专业发展感受最低。

8）民办中小学艺术类学科教师的专业发展感受最高，政史地社教师的专业发展感受最低。

9）民办中小学承担5门课以上的教师的专业发展感受最高。

10）民办中小学教师的专业发展感受随着授课课时的增加而不断下降。

11）民办中小学教师的专业发展感受随着单程上班时间的增加而不断下降。

12）民办中小学教师的收支越富裕专业发展感受越高,但很富裕群体的专业发展感受又有所下降。

13）担任教务主任职务的民办教师的专业发展感受最高,整体发展走向以教务主任为顶点呈现倒"V"型。

2. 薪资福利

（1）基本情况

民办中小学教师的薪资福利均值为3.290,在教师队伍建设各维度中均值最低。

（2）差异分析

1）学校类型

通过差异显著性水平检验发现,不同类型学校民办中小学教师的薪资福利存在显著差异（$p=0.000***<0.001$）。

在不同学校类型教师分组比较中,民办初中教师的薪资福利感受最低（$M=3.188$）,民办小学教师的薪资福利感受最高（$M=3.356$）。

2）年龄

通过差异显著性水平检验发现,不同年龄民办中小学教师的薪资福利存在显著差异（$p=0.018*<0.05$）。

在不同年龄教师分组比较中,对于25～40岁的教师群体,随着年龄增长,其薪资福利感受不断提高,40岁以后薪资水平随着年龄的增长不断下降。

3）本校工作年限

通过差异显著性水平检验发现,不同本校工作年限的民办中小学教师的薪资福利存在显著差异（$p=0.014*<0.05$）。

在不同本校工作年限教师分组比较中,工作年限15年以上教师薪资福利感受最高（$M=3.448$）,整体上随着本校工作年限增加民办中小学教师的薪资福利感受不断提升。

4）学历

通过差异显著性水平检验发现,不同学历民办中小学教师的薪资福利存在显著差异（$p=0.014*<0.05$）。

在不同学历教师分组比较中,学历越高民办中小学教师的薪资福利感受越高。

5）职称

通过差异显著性水平检验发现,不同职称民办中小学教师的薪资福利存在显著差异（$p=0.000***<0.001$）。

在不同职称教师分组比较中，小教高级职称民办中小学教师的薪资福利感受（$M=3.722$）最高，无职称教师的薪资福利感受（$M=3.198$）最低。

6）学科

通过差异显著性水平检验发现，不同学科民办中小学教师的薪资福利存在显著差异（$p=0.015^*<0.05$）。

在不同学科教师分组比较中，艺术类学科民办中小学教师的薪资福利感受（$M=3.387$）最高，政史地社教师的薪资福利感受（$M=3.244$）最低。

7）本学期承担课程门数

通过差异显著性水平检验发现，承担不同课程门数的民办中小学教师的薪资福利存在显著差异（$p=0.023^*<0.05$）。

在不同课程门数教师分组比较中，承担 5 门及以上课程的民办中小学教师的薪资福利感受（$M=3.640$）较高，承担 4 门课程民办中小学教师薪资福利感受（$M=3.219$）较低。

8）周课时

通过差异显著性水平检验发现，承担不同周课时的民办中小学教师的薪资福利存在显著差异（$p=0.000^{***}<0.001$）。

在不同周课时教师分组比较中，课时量在 10 课时内的教师的薪资福利感受（$M=3.500$）最高，随着课时数增加，民办中小学教师的薪资福利感受逐渐降低。

9）上班单程所花费时间

通过差异显著性水平检验发现，不同单程上班时间民办中小学教师的薪资福利存在显著差异（$p=0.000^{***}<0.001$）。

在不同单程上班时间教师分组比较中，单程上班时间半小时内的教师薪资福利感受最高（$M=3.332$），随着单程上班时间增加，民办中小学教师的薪资福利感受逐渐降低。

10）收支情况

通过差异显著性水平检验发现，不同收支情况民办中小学教师的薪资福利存在显著差异（$p=0.000^{***}<0.001$）。

在不同收支情况教师分组比较中，整体上随着收支富裕程度的提高，民办中小学教师的薪资福利感受逐渐提高。

11）职务

通过差异显著性水平检验发现，不同职务民办中小学教师的薪资福利存在显著差异（$p=0.000^{***}<0.001$）。

在不同职务教师分组比较中，教务主任教师群体的薪资福利感受（$M=3.577$）最高，普通教师的薪资福利感受（$M=3.262$）最低。

（3）结论

1）民办初中教师的薪资福利感受最低，民办小学教师的薪资福利感受最高。

2）对于25～40岁的民办中小学教师群体，随着年龄增长，其薪资福利感受不断提高，40岁以后薪资水平随着年龄的增长不断下降。

3）整体上随着民办中小学教师工作年限的增加，其薪资福利感受不断提升。

4）民办中小学教师的学历越高薪资福利感受越高。

5）民办中小学小教高级职称教师的薪资福利感受最高，无职称教师的薪资福利感受最低。

6）民办中小学艺术类学科教师的薪资福利感受最高，政史地社教师的薪资福利感受最低。

7）民办中小学教师承担5门及以上课程的教师薪资福利感受最高，承担4门课程民办中小学教师薪资福利感受最低。

8）民办中小学教师随着周课时数的增加薪资福利感受逐渐降低。

9）民办中小学教师随着单程上班时间的增加薪资福利感受逐渐降低。

10）整体上随着民办中小学教师收支富裕程度的提高，其薪资福利感受逐渐提高。

11）教务主任群体的薪资福利感受最高，普通教师的薪资福利感受最低。

3. 其他保障

（1）基本情况

民办中小学教师的其他保障均值为3.593，在教师队伍建设各维度中均值居中。

（2）差异分析

1）学校类型

通过差异显著性水平检验发现，不同类型学校民办中小学教师的其他保障存在显著差异（$p=0.000***<0.001$）。

在不同学校类型教师分组比较中，小学教师的其他保障感受最高（$M=3.713$），随着民办学段的不断提高，教师的其他保障感受不断降低。

2）性别

通过差异显著性水平检验发现，不同性别民办中小学教师的其他保障存在显著差异（$p=0.000***<0.001$）。

在不同性别教师分组比较中，民办中小学女教师的其他保障感受（$M=3.632$）高于男教师（$M=3.507$）。

3）身份

通过差异显著性水平检验发现，不同身份民办中小学教师的其他保障存在显著差异

（$p=0.029*<0.05$）。

在不同身份教师分组比较中，民办中小学全职教师的其他保障感受（$M=3.600$）高于兼职教师（$M=3.445$）。

4）年龄

通过差异显著性水平检验发现，不同年龄民办中小学教师的其他保障存在显著差异（$p=0.000***<0.001$）。

在不同年龄教师分组比较中，从30岁开始随着民办中小学教师年龄的增长，其他保障感受逐渐降低。

5）教龄

通过差异显著性水平检验发现，不同教龄民办中小学教师的其他保障存在显著差异（$p=0.000***<0.001$）。

在不同教龄教师分组比较中，整体上民办中小学教师的教龄越长其他保障感受越低。

6）学历

通过差异显著性水平检验发现，不同学历民办中小学教师的其他保障存在显著差异（$p=0.002**<0.01$）。

在不同学历教师分组比较中，硕士学历民办中小学教师群体的其他保障感受（$M=3.722$）最高，专科及以下学历教师群体的其他保障感受（$M=3.517$）最低。

7）职称

通过差异显著性水平检验发现，不同职称民办中小学教师的其他保障存在显著差异（$p=0.000***<0.001$）。

在不同职称教师分组比较中，民办中小学小教高级教师群体的其他保障感受（$M=3.841$）最高，中教一级教师群体的其他保障感受（$M=3.383$）最低。

8）学科

通过差异显著性水平检验发现，不同学科民办中小学教师的其他保障存在显著差异（$p=0.015*<0.05$）。

在不同学科教师分组比较中，民办中小学艺术类学科教师的其他保障感受（$M=3.670$）最高，理化生（物理、化学和生物，简称理化生）教师群体的其他保障感受（$M=3.490$）最低。

9）周课时

通过差异显著性水平检验发现，承担不同周课时的民办中小学教师的其他保障存在显著差异（$p=0.000***<0.001$）。

在不同周课时教师分组比较中，课时量10课时以下的教师的其他保障感受最高（$M=3.775$），随着民办中小学教师授课时数的增加，其他保障感受逐渐降低。

10）上班单程所花费时间

通过差异显著性水平检验发现，不同单程上班时间民办中小学教师的其他保障存在显著差异（$p=0.000***<0.001$）。

在不同单程上班时间教师分组比较中，单程上班时间半小时内教师的其他保障感受最高（$M=3.654$），随着民办中小学教师单程上班时间的增加，其他保障感受逐渐降低。

11）收支情况

通过差异显著性水平检验发现，不同收支情况的民办中小学教师的其他保障存在显著差异（$p=0.000***<0.001$）。

在不同收支情况教师分组比较中，随着民办中小学教师收支富裕程度的增加其他保障感受逐渐提高。

12）职务

通过差异显著性水平检验发现，不同职务民办中小学教师的其他保障存在显著差异（$p=0.000***<0.001$）。

在不同职务教师分组比较中，整体上，随着民办中小学教师职务的提升其他保障感受逐渐提高。

（3）结论

1）随着民办学校层次的不断提高，教师的其他保障感受不断降低。

2）民办中小学女教师的其他保障感受高于男教师。

3）民办中小学全职教师的其他保障感受高于兼职教师。

4）民办中小学教师从 30 岁开始，随着年龄的增长其他保障感受逐渐降低。

5）整体上民办中小学教师的教龄越长，其他保障感受越低。

6）硕士学历民办中小学教师群体的其他保障感受最高，专科及以下学历教师群体的其他保障感受最低。

7）小教高级民办中小学教师群体的其他保障感受最高，中教一级教师群体其他保障感受最低。

8）艺术类学科民办中小学教师的其他保障感受最高，理化生教师群体的其他保障感受最低。

9）随着民办中小学教师周授课时的数增加其他保障感受逐渐降低。

10）随着民办中小学教师单程上班时间的增加其他保障感受逐渐降低。

11）随着民办中小学教师收支富裕程度的增加其他保障感受逐渐提高。

12）整体上，随着民办中小学教师职务的提升其他保障感受逐渐提高。

二、民办高校教师教学效能感

目前,我国对教师教学效能感的研究多集中于中小学教师群体,对高校教师的关注较少,对民办高校教师的关注更为少见。当前,民办高校亟待建设一支高水平的师资队伍,调查民办高校教师教学效能感,分析其影响因素,对提升民办教师教学效率具有重要意义。

教师教学效能感是指教师对教育价值、对自己做好教育工作与积极影响学生发展的教育能力的自我判断、信念与感受。①教师教学效能感共包括三个测量指标,分别是教学策略效能感、课堂管理效能感、学生投入效能感。

研究发现:

在民办高校教师样本中,整体上男教师的教学效能感高于女教师;本科高校教师的教学效能感高于专科高校教师;全职教师的教学效能感高于兼职教师;对于40岁以下的教师群体,随着年龄的增加教学效能感不断提高,40岁之后随着年龄的增加教学效能感不断下降;对于11~20年教龄的教师群体,随着教龄的增加教学效能感不断提高,之后教学效能感随着教龄的增长不断下降;本校工作年限越长、学历越高、职称越高,教师群体的教学效能感越高;艺术类学科教师的教学效能感最高,农医类教师群体的教学效能感最低;随着承担课程门数和周课时的增多,教师的教学效能感不断提高;教师的收支越富裕,教学效能感越高;专职教师、院系领导和校部中层的教学效能感最高,校领导的教学效能感较低。

在教学策略、课程管理和学生投入3个维度中,民办高校教师的教学策略均值最高,达到4.095;学生投入均值最低,为3.999;课堂管理均值居中(图6-3)。

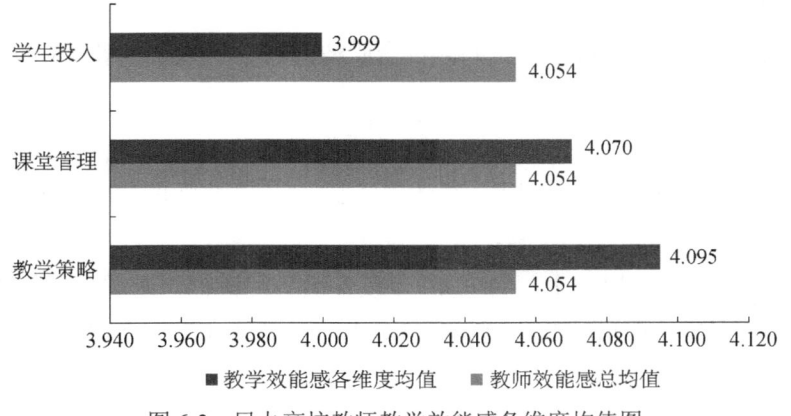

图6-3 民办高校教师教学效能感各维度均值图

---

① 庞丽娟,洪秀敏. 教师自我效能感:教师自主发展的重要内在动力机制 [J]. 教师教育研究,2005(4):43.

(一)教学策略

1. 基本情况

教师教学策略(teaching strategy)是教师为了达成教学目的,完成教学任务,而在对教学活动清晰认识的基础上对教学活动进行调节和控制的一系列执行过程,包括教学活动中方法的选择、材料的组织、对师生行为的规范等。[①]

民办高校教师的教学策略均值为4.095,在教师教学效能感各维度中均值最高。

2. 差异分析

(1) 性别

通过差异显著性水平检验发现,不同性别民办高校教师的教学策略存在显著差异($p=0.000***<0.001$)。

在不同性别教师分组比较中,民办高校男教师的教学策略水平($M=4.104$)高于女教师($M=4.090$)。

(2) 办学层次

通过差异显著性水平检验发现,不同办学层次民办高校教师的教学策略存在显著差异($p=0.000***<0.001$)。

在不同办学层次学校教师分组比较中,民办本科学校教师的教学策略水平($M=4.112$)高于民办专科学校教师($M=4.052$)。

(3) 身份

通过差异显著性水平检验发现,不同身份高校教师的教学策略存在显著差异($p=0.000***<0.001$)。

在不同身份教师分组比较中,民办高校全职教师的教学策略水平($M=4.112$)高于兼职教师($M=3.852$)。

(4) 年龄

通过差异显著性水平检验发现,不同年龄民办高校教师的教学策略存在显著差异($p=0.000***<0.001$)。

在不同年龄教师分组比较中,对于40岁以下的教师群体,随着年龄的增加其教学策略水平不断提高;而对于40岁以上教师群体,教学策略水平随着年龄的增长不断下降。

(5) 教龄

通过差异显著性水平检验发现,不同教龄民办高校教师的教学策略存在显著差异

[①] 和学新. 教学策略的概念、结构及其运用[J]. 教育研究, 2000 (12): 54-58.

（p=0.000***<0.001）。

在不同教龄教师分组比较中，对于教龄 20 年内的教师群体，随着教龄的增加其教学策略水平不断提高，之后教学策略水平随着教龄的增长教学策略水平不断下降。

（6）本校工作年限

通过差异显著性水平检验发现，不同本校工作年限的民办高校教师的教学策略存在显著差异（p=0.000***<0.001）。

在不同本校工作年限教师分组比较中，工作 6~10 年的民办高校教师的教学策略最高（M=4.135），工作 1~5 年的民办高校教师的教学策略水平最低（M=4.060）。

（7）学历

通过差异显著性水平检验发现，不同学历民办高校教师的教学策略存在显著差异（p=0.000***<0.001）。

在不同学历教师分组比较中，整体上，随着民办高校教师学历的提升教学策略水平不断提高。

（8）职称

通过差异显著性水平检验发现，不同职称民办高校教师的教学策略存在显著差异（p=0.000***<0.001）。

在不同职称教师分组比较中，整体上，随着民办高校教师职称的提升教学策略水平不断提高。

（9）学科

通过差异显著性水平检验发现，不同学科民办高校教师的教学策略存在显著差异（p=0.000***<0.001）。

在不同学科教师分组比较中，艺术类学科民办高校教师的教学策略水平（M=4.187）最高，农医类学科教师群体的教学策略水平（M=4.011）最低。

（10）本学期承担课程门数

通过差异显著性水平检验发现，承担不同课程门数的民办高校教师的教学策略存在显著差异（p=0.000***<0.001）。

在承担不同课程门数教师分组比较中，整体上，随着民办高校教师承担课程门数的增多教学策略水平不断提高。

（11）周课时

通过差异显著性水平检验发现，不同周课时高校教师的教学策略存在显著差异（p=0.000***<0.001）。

在承担不同周课时教师分组比较中，周课时量在 16~30 课时的教师教学策略水平最高（M=4.153），整体上，随着民办高校教师承担周课时数的增多教学策略水平不断提高，30 课时以后（M=4.115）有所下降。

（12）收支情况

通过差异显著性水平检验发现，不同收支情况的高校教师的教学策略存在显著差异（p=0.026*<0.05）。

在不同收支情况教师分组比较中，整体上，民办高校教师收支越富裕教学策略水平越高。

（13）职务

通过差异显著性水平检验发现，不同职务高校教师的教学策略存在显著差异（p=0.000***<0.001）。

在不同职务教师分组比较中，民办高校专职教师（M=4.125）、院系领导（M=4.133）和校部中层（M=4.094）的教学策略水平较高，专职科研人员教学策略水平（M=3.840）较低。

3. 结论

1）民办高校男教师的教学策略水平高于女教师。

2）民办本科高校教师的教学策略水平高于民办专科高校教师。

3）民办高校全职教师的教学策略水平高于兼职教师。

4）对于 40 岁以下的教师群体，随着年龄的增加教学策略水平不断提高，40 岁及以上的教师随着年龄的增长教学策略水平不断下降。

5）对于 11～20 年教龄的教师群体，随着教龄的增加教学策略水平不断提高，20 年教龄上以随着教龄的增长教学策略水平不断下降。

6）本校工作 6～10 年的民办高校教师教学策略较高，本校工作 1～5 年的民办高校教师教学策略水平较低。

7）整体上，随着民办高校教师学历的提升教学策略水平不断提高。

8）整体上，随着民办高校教师职称的提升教学策略水平不断提高。

9）艺术类学科民办高校教师的教学策略水平最高，农医类学科教师群体的教学水平策略最低。

10）整体上，随着民办高校教师承担课程门数的增多教学策略水平不断提高。

11）整体上，随着民办高校教师承担周课时数的增多教学策略水平不断提高，周课时 30 课时以上的教师教学策略水平有所下降。

12）整体上，随着民办高校教师收支富裕程度的提高教学策略水平升高。

13）民办高校专职教师、院系领导和校部中层教学策略水平较高，专职科研人员教学策略水平较低。

（二）课堂管理

课堂管理是指教师为了更好地组织课堂教学或开展教学活动，通过计划、组织、控制、监督等手段保障课堂教学活动的顺利实施。①课堂管理效能感是指教师相信自己能控制课堂的程度。②

1. 基本情况

民办高校教师的课堂管理均值为4.070，在教师教学效能感各维度中均值居中。

2. 差异分析

（1）办学层次

通过差异显著性水平检验发现，不同办学层次学校民办高校教师的课堂管理存在显著差异（$p=0.000***<0.001$）。

在不同办学层次学校教师分组比较中，民办本科高校教师的课堂管理水平（$M=4.090$）高于民办专科高校教师（$M=4.021$）。

（2）身份

通过差异显著性水平检验发现，不同身份民办高校教师的课堂管理存在显著差异（$p=0.000***<0.001$）。

在不同身份教师分组比较中，民办高校全职教师的课堂管理水平（$M=4.085$）高于兼职教师（$M=3.852$）。

（3）年龄

通过差异显著性水平检验发现，不同年龄民办高校教师的课堂管理存在显著差异（$p=0.000***<0.001$）。

在不同年龄教师分组比较中，对于40岁以下的教师群体，随着年龄增加课堂管理水平不断提高，40岁及以后随着年龄的增长教师的课堂管理水平不断下降。

（4）教龄

通过差异显著性水平检验发现，不同教龄民办高校教师课堂管理存在显著差异（$p=0.000***<0.001$）。

在不同教龄教师分组比较中，教龄20年以下的教师群体随着教龄的增加课堂管理水平不断提高，之后随着教龄的增长不断下降。

---

① 顾明远. 核心素养：课程改革的原动力［J］. 人民教育，2015（7）：17-18.
② Rotter J B. Generalized expectancies for internal versus external control of reinforcement［J］. Psychol Monogr, 1966, 80（1）：1-28.

（5）本校工作年限

通过差异显著性水平检验发现，不同本校工作年限民办高校教师的课堂管理存在显著差异（$p=0.000***<0.001$）。

在不同本校工作年限教师分组比较中，工作年限为15年以上的教师课堂管理水平最高（$M=4.102$），整体上，随着本校工作年限的增加教师的课堂管理水平不断提高。

（6）学历

通过差异显著性水平检验发现，不同学历民办高校教师的课堂管理存在显著差异（$p=0.000***<0.001$）。

在不同学历教师分组比较中，整体上，随着民办高校教师学历的提升课堂管理水平不断提高。

（7）职称

通过差异显著性水平检验发现，不同职务民办高校教师的课堂管理存在显著差异（$p=0.000***<0.001$）。

在不同职称教师分组比较中，整体上，民办高校教师的职称越高课堂管理水平越高。

（8）学科

通过差异显著性水平检验发现，不同学科民办高校教师的课堂管理存在显著差异（$p=0.000***<0.001$）。

在不同学科教师分组比较中，艺术类学科民办高校教师的课堂管理水平（$M=4.163$）最高，农医类学科教师群体的课堂管理水平（$M=4.001$）最低。

（9）本学期承担课程门数

通过差异显著性水平检验发现，承担不同课程门数的民办高校教师的课堂管理存在显著差异（$p=0.000***<0.001$）。

在承担不同课程门数教师分组比较中，整体上，随着民办高校教师承担课程门数的增多课堂管理水平不断提高。

（10）周课时

通过差异显著性水平检验发现，承担不同周课时的民办高校教师的课堂管理存在显著差异（$p=0.000***<0.001$）。

在承担不同周课时教师分组比较中，课时量在16～30课时的教师课堂管理水平最高（$M=4.109$），整体上，随着民办高校教师承担课时数的增多课堂管理水平不断提高，承担30课时以上的教师课堂管理水平有所下降。

（11）职务

通过差异显著性水平检验发现，不同职务民办高校教师的课堂管理存在显著差异

(p=0.000***<0.001)。

在不同职务教师分组比较中,民办高校院系领导(M=4.130)、民办高校专职教师(M=4.090)和校部中层(M=4.051)的课堂管理水平较高,校领导(M=4.013)、专职科研人员(M=3.857)的课堂管理水平较低。

3. 结论

1)民办本科高校教师的课堂管理水平高于民办专科高校教师。

2)民办高校全职教师的课堂管理水平高于兼职教师。

3)对于40岁以下的教师群体,随着年龄的增加课堂管理水平不断提高,40岁及以上的教师的课堂管理水平随着年龄的增长不断下降。

4)对于11~20年教龄的教师群体,随着教龄的增加课堂管理水平不断提高,20年以上教龄的教师的课堂管理水平随着教龄的增长不断下降。

5)整体上,随着本校工作年限的增加教师的课堂管理水平不断提高。

6)整体上,随着民办高校教师学历的提升教师的课堂管理水平不断提高。

7)整体上,随着民办高校教师职称的提升教师的课堂管理水平不断提高。

8)艺术类学科民办高校教师的课堂管理水平最高,农医类学科教师群体的课堂管理水平最低。

9)整体上,随着民办高校教师承担课程门数的增多课堂管理水平不断提高。

10)整体上,随着民办高校教师承担周课时数的增多课堂管理水平不断提高,承担30课时以上的教师的课堂管理水平有所下降。

11)民办高校专职教师、院系领导和校部中层的课堂管理水平较高,校领导、专职科研人员的课堂管理水平较低。

(三)学生投入

1. 基本情况

学生投入是指教师对自身促进学生参与并获得理想学习结果的能力判断。[1]

民办高校教师的学生投入均值为3.999,在教师教学效能感各维度中均值最低。

2. 差异分析

(1)性别

通过差异显著性水平检验发现,不同性别民办高校教师的学生投入存在显著差异

---

[1] Bandura A. Self-efficacy: Toward a unifying theory of behavioral change. [J]. Psychol Rev,1977,84(4):139-151.

（$p=0.002**<0.01$）。

在不同性别教师分组比较中，民办高校男教师的学生投入水平（$M=4.025$）高于女教师（$M=3.985$）。

（2）办学层次

通过差异显著性水平检验发现，不同办学层次高校教师的学生投入存在显著差异（$p=0.000***<0.001$）。

在不同办学层次学校教师分组比较中，民办本科高校教师的学生投入水平（$M=4.090$）高于民办专科高校教师（$M=4.021$）。

（3）身份

通过差异显著性水平检验发现，不同身份民办高校教师的学生投入存在显著差异（$p=0.000***<0.001$）。

在不同身份教师分组比较中，民办高校全职教师的学生投入水平（$M=4.012$）高于兼职教师（$M=3.828$）。

（4）年龄

通过差异显著性水平检验发现，不同年龄民办高校教师的学生投入存在显著差异（$p=0.000***<0.001$）。

在不同年龄教师分组比较中，对于40岁以下的教师群体，随着年龄的增加学生投入水平不断提高，40岁之后随着年龄的增长不断下降。

（5）教龄

通过差异显著性水平检验发现，不同教龄民办高校教师的学生投入存在显著差异（$p=0.000***<0.001$）。

在不同教龄教师分组比较中，对于20年以下教龄的教师群体，随着教龄的增加学生投入水平不断提高，之后随着教龄的增长不断下降。

（6）学历

通过差异显著性水平检验发现，不同学历民办高校教师的学生投入存在显著差异（$p=0.000***<0.001$）。

在不同学历教师分组比较中，整体上，民办高校教师的学历越高学生投入水平越高。

（7）学科

通过差异显著性水平检验发现，不同学科民办高校教师的学生投入存在显著差异（$p=0.000***<0.001$）。

在不同学科教师分组比较中，艺术类学科民办高校教师的学生投入水平（$M=4.151$）最高，农医类学科教师群体的学生投入水平（$M=3.965$）最低。

（8）本学期承担课程门数

通过差异显著性水平检验发现，承担不同课程门数的高校教师的学生投入存在显著差异（$p=0.000***<0.001$）。

在承担不同课程门数教师分组比较中，整体上，随着民办高校教师承担课程门数的增多学生投入水平不断提高。

（9）周课时

通过差异显著性水平检验发现，承担不同周课时的民办高校教师的学生投入存在显著差异（$p=0.000***<0.001$）。

在承担不同周课时教师分组比较中，周课时量在16～30课时的教师的学生投入水平最高（$M=4.046$），整体上随着民办高校教师承担周课时数的增多学生投入水平不断提高，承担30课时以上的教师的学生投入水平有所下降。

（10）职务

通过差异显著性水平检验发现，不同职务民办高校教师的学生投入存在显著差异（$p=0.000***<0.001$）。

在不同职务教师分组比较中，民办高校专职教师（$M=4.019$）和院系领导（$M=4.009$）的学生投入水平较高，专职科研人员的学生投入水平（$M=3.833$）较低。

3. 结论

1）民办高校男教师的学生投入水平高于女教师。

2）民办本科高校教师的学生投入水平高于专科。

3）民办高校全职教师的学生投入水平高于兼职教师。

4）对于民办高校40岁以下的教师群体，随着年龄的增加学生投入水平不断提高，之后随着年龄的增长不断下降。

5）对于民办高校20年以下教龄的教师群体，随着教龄的增加学生投入水平不断提高，之后随着教龄的增长不断下降。

6）整体上，随着民办高校教师学历的提升学生投入水平不断提高。

7）艺术类学科民办高校教师的学生投入水平最高，农医类学科教师群体的学生投入水平最低。

8）整体上，随着民办高校教师承担课程门数的增多学生投入水平不断提高。

9）整体上，随着民办高校教师承担周课时数的增多学生投入水平不断提高，承担30课时以上的教师的学生投入水平有所下降。

10）民办高校院系领导和校部中的学生投入水平较高，专职科研人员的学生投入水平较低。

第七章　民办学校学生获得感

> **内容提要**
>
> 本章调查了全国东、中、西部民办高校、民办中小学学生的发展感受，运用数据和图形展示了民办学校学生获得感的基本情况。

学生获得感是民办学校学生发展感受的基础性指标，可以直接反映学校为学生提供的客观条件和学生的客观获得。通过研究学生的获得感，可在一定程度上了解学生的学习生活现状，从而探寻提高学生获得感的措施，以促进学生全面发展。

获得感（sense of gain）是指因物质层面和精神层面的获得而产生的可以长久维持的满足感，强调在为我基础上的一种实实在在的得到。"获得感"追求的是"获得"，着眼点在"感"，只有有所收获，这种满足感才会油然而生。[①]获得感与"幸福感""参与感""满意度"等概念相关，是建立在"客观获得"的基础之上对"客观获得"的主观感觉。具有公平公正和包容性特征。[②]

学生获得感（students' sense of gain）是指学生在求学期间，因学校提供的教育服务满足了学生学习和生活的需求，获得了参与机会，得到了认同，并取得一定成就的正向综合心理感受。[③]学生获得感共分为4个测量指标，分别是参与感、认同感、成就感和幸福感。

研究发现：

在民办高校学生样本中，普通民办院校学生的获得感普遍高于高等职业院校的学生；学校办学层次为本科的民办高校学生的获得感普遍高于学校办学层次为专科的民办高校学生；民办高校大四学生的获得感普遍高于其他年级的学生；民办高校艺术类专业学生的获得感普遍高于其他专业的学生；就读意向为第一志愿的学生的获得感普遍高于其他学生；担任学生干部的学生的获得感普遍高于非学生干部的学生；有创业经历的学生的获得感普

---

① 张品. "获得感"的理论内涵及当代价值 [J]. 河南理工大学学报（社会科学版），2016，17（4）：402-407.
② 曹现强，李烁. 获得感的时代内涵与国外经验借鉴 [J]. 人民论坛·学术前沿，2017（2）：18-28.
③ 周海涛，张墨涵，罗炜. 我国民办高校学生获得感的调查与分析 [J]. 高校研究，2016，37（9）：54-59.

遍高于无创业经历的学生；有兼职经历的学生的获得感普遍高于无兼职经历的学生。

在民办中小学学生样本中，女生的成就感和幸福感显著高于男生；独生子女的参与感、认同感和幸福感显著高于非独生子女；未留过级的学生的获得感显著高于留过级的学生；家中书籍很多的学生的获得感普遍高于家中书籍较少的学生；父母最高学历为专科或本科的学生的获得感高于普遍高于其他学生；家庭经济条件比较富裕的学生的获得感普遍高于其他家庭经济条件的学生。

一、民办高校学生获得感

获得感分为参与感、认同感、成就感和幸福感4个维度，其中，民办高校学生的成就感均值最高，为3.805；参与感均值最低，为3.512（图7-1）。

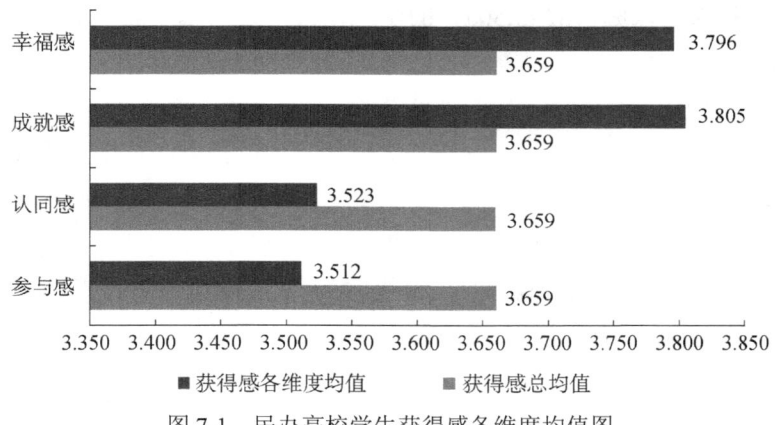

图7-1　民办高校学生获得感各维度均值图

（一）参与感

1. 基本情况

高校学生参与感是高校学生对校内信息公开建设、组织管理系统和内部治理机制等方面参与机会的主观感受。

民办高校学生的参与感不强，均值为3.512，在获得感各维度中均值最低。

2. 差异分析

（1）性别

通过差异显著性水平检验发现，不同性别民办高校学生的参与感存在显著差异（$p=0.000***<0.001$）。

在不同性别学生分组比较中,民办高校男生的参与感（$M=3.597$）明显强于女生（$M=3.449$）。

（2）独生子女

通过差异显著性水平检验发现,独生子女和非独生子女民办高校学生的参与感存在显著差异（$p=0.000***<0.001$）。

在独生子女和非独生子女学生分组比较中,独生子女民办高校学生的参与感（$M=3.536$）明显强于非独生子女民办高校学生（$M=3.496$）。

（3）家庭所在地

通过差异显著性水平检验发现,不同家庭所在地民办高校学生的参与感存在显著差异（$p=0.000***<0.001$）。

在不同家庭所在地学生分组比较中,城市学生的参与感（$M=3.548$）明显强于乡镇家庭（$M=3.473$）和农村家庭（$M=3.505$）的学生,其中,乡镇家庭（$M=3.473$）民办高校学生的参与感稍弱。

（4）父母最高学历

通过差异显著性水平检验发现,父母最高学历不同的民办高校学生的参与感存在显著差异（$p=0.000***<0.001$）。

在父母最高学历学生分组比较中,父母最高学历为研究生的民办高校学生参与感（$M=3.581$）明显强于父母学历为研究生以下的民办高校学生,总体上基本呈现出父母学历越高学生的参与感越强的趋势,父母学历为初中及以下的民办高校学生的参与感最弱（$M=3.475$）。

（5）学校类型

通过差异显著性水平检验发现,就读学校类型不同的民办高校学生的参与感存在显著差异（$p=0.000***<0.001$）。

在不同学校类型学生分组比较中,普通民办学校（含独立学院）学生的参与感（$M=3.515$）明显强于高等职业院校学生（$M=3.485$）。

（6）办学层次

通过差异显著性水平检验发现,不同办学层次民办高校学生的参与感存在显著差异（$p=0.001**<0.01$）。

在不同办学层次学校学生分组比较中,就读学校办学层次为本科的民办高校学生的参与感（$M=3.516$）明显强于就读学校办学层次为专科/高职的民办高校学生（$M=3.499$）。

（7）个人就读专业层次

通过差异显著性水平检验发现,不同就读专业层次民办高校学生的参与感存在显著差异（$p=0.000***<0.001$）。

在不同就读专业层次学生分组比较中，就读专科的民办高校学生的参与感（$M=3.538$）明显强于就读专业层次为本科的民办高校学生（$M=3.497$）。

（8）年级

通过差异显著性水平检验发现，不同年级民办高校学生的参与感存在显著差异（$p=0.000^{***}<0.001$）。

在不同年级学生分组比较中，民办高校大四学生的参与感（$M=3.565$）明显强于大四以下年级的民办高校学生，其中民办高校大三学生的参与感稍弱（$M=3.491$）。

（9）专业所属学科

通过差异显著性水平检验发现，专业所属学科不同的民办高校学生的参与感存在显著差异（$p=0.000^{***}<0.001$）。

在不同学科学生分组比较中，艺术类学科民办高校学生的参与感（$M=3.582$）明显强于另外几类学科的学生，其中，人文社科类学科民办高校学生的参与感稍弱（$M=3.468$）。

（10）就读专业意向

通过差异显著性水平检验发现，就读意向不同的民办高校学生的参与感存在显著差异（$p=0.000^{***}<0.001$）。

在不同就读意向学生分组比较中，就读意向为第一志愿的民办高校学生的参与感（$M=3.561$）明显强于另外几类学生，其中，就读专业为其他情况的学生的参与感稍弱（$M=3.380$）。

（11）学生干部

通过差异显著性水平检验发现，担任学生干部情况不同的民办高校学生的参与感存在显著差异（$p=0.000^{***}<0.001$）。

在不同担任学生干部情况学生分组比较中，学生干部的参与感（$M=3.630$）明显强于非学生干部（$M=3.398$）。

（12）创业经历

通过差异显著性水平检验发现，不同创业经历的民办高校学生的参与感存在显著差异（$p=0.000^{***}<0.001$）。

在不同创业经历学生分组比较中，有创业经历的民办高校学生的参与感（$M=3.718$）明显强于无创业经历的民办高校学生（$M=3.483$）。

（13）助学贷款

通过差异显著性水平检验发现，不同助学贷款情况的民办高校学生的参与感存在显著差异（$p=0.000^{***}<0.001$）。

在不同助学贷款情况学生分组比较中，申请国家助学贷款的民办高校学生的参与感

（M=3.570）明显强于其他几类学生，其中，助学贷款情况为其他的民办高校学生的参与感稍弱（M=3.443）。

（14）兼职经历

通过差异显著性水平检验发现，不同兼职情况的民办高校学生的参与感存在显著差异（p=0.000***<0.001）。

在不同兼职情况学生分组比较中，有兼职经历的民办高校学生的参与感（M=3.560）明显强于无兼职经历的民办高校学生（M=3.469）。

3. 结论

1）民办高校男生的参与感明显强于女生。

2）独生子女民办高校学生的参与感明显强于非独生子女民办高校学生。

3）城市家庭的民办高校学生的参与感明显强于乡镇和农村家庭的学生，其中，乡镇家庭的民办高校学生参与感稍弱。

4）父母最高学历为研究生学历的民办高校学生的参与感明显强于父母学历为研究生以下的民办高校学生，总体上基本呈现出父母学历越高学生的参与感越强的趋势。

5）普通民办学校（含独立学院）学生的参与感明显强于高等职业院校的学生。

6）就读学校办学层次为本科的民办高校学生的参与感明显强于就读学校办学层次为专科/高职的民办高校学生。

7）就读专业层次为专科的民办高校学生参与感明显强于就读专业层次为本科的民办高校学生。

8）民办高校大四学生的参与感明显强于其他年级民办高校学生，其中民办高校大三学生参与感稍弱。

9）艺术类学科民办高校学生的参与感明显强于另外几类专业民办高校学生，其中人文社科类专业民办高校学生参与感稍弱。

10）就读意向为第一志愿的民办高校学生的参与感明显强于另外几类学生，其中，就读专业意向为其他情况的学生参与感稍弱。

11）学生干部的参与感明显强于非学生干部。

12）有创业经历的民办高校学生的参与感明显强于无创业经历的民办高校学生。

13）申请国家助学贷款的民办高校学生的参与感明显强于其他几类学生，其中，助学贷款情况为其他的民办高校学生的参与感稍弱。

14）有兼职经历的民办高校学生的参与感明显强于无兼职经历的民办高校学生。

（二）认同感

1. 基本情况

高校学生的认同感是指高校学生对学校生活和学习的态度与行为倾向，是一种对认同程度的感受。

民办高校学生的认同感不强，均值为 3.523，在获得感各维度均值中次低，低于获得感总均值，仅稍高于参与感的均值。

2. 差异分析

（1）性别

通过差异显著性水平检验发现，不同性别民办高校学生的认同感存在显著差异（$p=0.000***<0.001$）。

在不同性别学生分组比较中，民办高校男生的认同感（$M=3.575$）明显强于女生（$M=3.485$）。

（2）独生子女

通过差异显著性水平检验发现，独生子女和非独生子女民办高校学生的认同感存在显著差异（$p=0.000***<0.001$）。

在独生子女和非独生子女学生分组比较中，独生子女民办高校学生的认同感（$M=3.541$）明显强于非独生子女民办高校学生（$M=3.511$）。

（3）家庭所在地

通过差异显著性水平检验发现，不同家庭所在地民办高校学生的认同感存在显著差异（$p=0.000***<0.001$）。

在不同家庭所在地学生分组比较中，城市学生的认同感（$M=3.540$）明显强于乡镇（$M=3.494$）和农村家庭（$M=3.525$）的学生，其中，乡镇家庭民办高校学生的认同感稍弱。

（4）父母最高学历

通过差异显著性水平检验发现，父母最高学历不同的民办高校学生的认同感存在显著差异（$p=0.000***<0.001$）。

在不同父母最高学历学生分组比较中，父母最高学历为专科或本科的民办高校学生的认同感（$M=3.554$）明显强于父母最高学历为其他各类的民办高校学生，其中，父母学历为初中及以下的民办高校学生的认同感稍弱（$M=3.500$）。

（5）学校类型

通过差异显著性水平检验发现，就读学校类型不同的民办高校学生的认同感存在显著差异（$p=0.000^{***}<0.001$）。

在不同学校类型学生分组比较中，普通民办学校（含独立学院）学生的认同感（$M=3.528$）明显强于高等职业院校的学生（$M=3.489$）。

（6）办学层次

通过差异显著性水平检验发现，不同办学层次民办高校学生的认同感存在显著差异（$p=0.000^{***}<0.001$）。

在不同办学层次学校学生分组比较中，就读学校办学层次为本科的民办高校学生的认同感（$M=3.536$）明显强于就读学校办学层次为专科/高职的民办高校学生（$M=3.483$）。

（7）个人就读专业层次

通过差异显著性水平检验发现，不同就读专业层次民办高校学生的认同感存在显著差异（$p=0.000^{***}<0.001$）。

在不同就读专业层次学生分组比较中，就读专业层次为专科的民办高校学生的认同感（$M=3.548$）明显强于就读专业层次为本科的民办高校学生（$M=3.509$）。

（8）年级

通过差异显著性水平检验发现，不同年级民办高校学生的认同感存在显著差异（$p=0.000^{***}<0.001$）。

在不同年级学生分组比较中，民办高校大四学生的认同感（$M=3.581$）明显强于大四年级以下的民办高校学生，其中民办高校大三学生的认同感稍弱（$M=3.496$）。

（9）专业所属学科

通过差异显著性水平检验发现，不同专业所属学科的民办高校学生的认同感存在显著差异（$p=0.000^{***}<0.001$）。

在不同学科学生分组比较中，艺术类学科民办高校学生的认同感（$M=3.606$）明显强于另外几类学科民办高校学生，其中，人文社科类学科民办高校学生的认同感稍弱（$M=3.480$）。

（10）就读专业意向

通过差异显著性水平检验发现，不同就读专业意向的民办高校学生的认同感存在显著差异（$p=0.000^{***}<0.001$）。

在不同就读意向学生分组比较中，就读意向为第一志愿的民办高校学生的认同感（$M=3.589$）明显强于另外几类学生，其中，就读意向为其他情况的学生认同感稍弱（$M=3.366$）。

（11）学生干部

通过差异显著性水平检验发现，不同担任学生干部情况的民办高校学生的认同感存在显著差异（$p=0.000^{***}<0.001$）。

在不同担任学生干部情况学生分组比较中,学生干部的认同感($M=3.577$)明显强于非学生干部($M=3.472$)。

(12)创业经历

通过差异显著性水平检验发现,不同创业经历的民办高校学生的认同感存在显著差异($p=0.000***<0.001$)。

在不同创业经历学生分组比较中,有创业经历的民办高校学生的认同感($M=3.643$)明显强于无创业经历的民办高校学生($M=3.506$)。

(13)助学贷款

通过差异显著性水平检验发现,不同助学贷款情况的民办高校学生的认同感存在显著差异($p=0.000***<0.001$)。

在不同助学贷款情况学生分组比较中,申请国家助学贷款的民办高校学生的认同感($M=3.566$)明显强于其他几类学生,其中,助学贷款情况为其他情况的民办高校学生的认同感稍弱($M=3.466$)。

(14)兼职经历

通过差异显著性水平检验发现,不同兼职情况的民办高校学生的认同感存在显著差异($p=0.000***<0.001$)。

在不同兼职情况学生分组比较中,有兼职经历的民办高校学生的认同感($M=3.550$)明显强于无兼职经历的民办高校学生($M=3.499$)。

3. 结论

1)民办高校男生的认同感明显强于女生。

2)独生子女民办高校学生的认同感明显强于非独生子女民办高校学生。

3)城市家庭的民办高校学生的认同感明显强于乡镇和农村家庭的学生,其中,乡镇家庭的民办高校学生认同感稍弱。

4)父母最高学历为专科或本科的民办高校学生的认同感明显强于父母最高学历为其他各类的民办高校学生,其中父母学历为初中及以下的民办高校学生认同感稍弱。

5)普通民办学校(含独立学院)学生的认同感明显强于高等职业院校的学生。

6)本科民办高校学生的认同感明显强于专科/高职民办高校学生。

7)就读专业层次为专科的民办高校学生的认同感明显强于就读专业层次为本科的民办高校学生。

8)民办高校大四学生的认同感明显强于大四以下年级的民办高校学生,其中,大三学生的认同感稍弱。

9)艺术类学科民办高校学生的认同感明显强于另外几类专业的民办高校学生,其中，人文社科类学科民办高校学生的认同感稍弱。

10）就读意向为第一志愿的民办高校学生的认同感明显强于另外几类学生，其中就读意向为其他情况的学生认同感稍弱。

11）民办高校学生干部的认同感明显强于非学生干部。

12）有创业经历民办高校学生的认同感明显强于无创业经历民办高校学生。

13）申请国家助学贷款的民办高校学生的认同感明显强于其他几类学生，其中，助学贷款情况为其他的民办高校学生的认同感稍弱。

14）有兼职经历的民办高校学生的认同感明显强于无兼职经历的民办高校学生。

（三）成就感

1. 基本情况

成就感是一个人做完一件事情或做一件事情时，为自己所做的事情感到愉快或成功的感觉，即愿望与现实达到平衡而产生的一种心理感受，包括自我取向成就感和社会取向成就感，成就感对大学生持续健康发展的作用极大。[①]

民办高校学生的成就感较高，均值为 3.805，在获得感各维度中均值最高。

2. 差异分析

（1）独生子女

通过差异显著性水平检验发现，独生子女和非独生子女民办高校学生的成就感存在显著差异（$p=0.000***<0.001$）。

学生在独生子女和非独生子女学生分组比较中，非独生子女民办高校学生的成就感（$M=3.812$）明显强于独生子女民办高校学生（$M=3.795$）。

（2）家庭所在地

通过差异显著性水平检验发现，不同家庭所在地民办高校学生的成就感存在显著差异（$p=0.000***<0.001$）。

在不同家庭所在地学生分组比较中，农村家庭的民办高校学生的成就感（$M=3.820$）明显强于城市和乡镇家庭的学生，其中，乡镇家庭的民办高校学生的成就感稍弱（$M=3.754$）。

（3）父母最高学历

通过差异显著性水平检验发现，不同父母最高学历的民办高校学生的成就感存在显著差异（$p=0.000***<0.001$）。

---

① 曾宪义，李化树. 大学生自我成就感研究述评[J].文史博览（理论），2013（11）：58-60.

在不同父母最高学历学生分组比较中,父母最高学历为专科或本科学历的民办高校学生的成就感(M=3.833)明显强于父母最高学历为其他类的民办高校学生,其中,父母最高学历为研究生的民办高校学生的成就感稍弱(M=3.779)。

(4)学校类型

通过差异显著性水平检验发现,就读不同类型学校的民办高校学生的成就感存在显著差异(p=0.000***<0.001)。

在不同学校类型学生分组比较中,普通民办学校(含独立学院)学生的成就感(M=3.815)明显强于高等职业院校的学生(M=3.723)。

(5)办学层次

通过差异显著性水平检验发现,不同办学层次民办高校学生的成就感存在显著差异(p=0.000***<0.001)。

在不同办学层次学校学生分组比较中,就读学校办学层次为本科的民办高校学生的成就感(M=3.830)明显强于就读学校办学层次为专科/高职的民办高校学生(M=3.723)。

(6)个人就读专业层次

通过差异显著性水平检验发现,不同就读专业层次民办高校学生的成就感存在显著差异(p=0.000***<0.001)。

在不同就读专业层次学生分组比较中,就读专业层次为本科的民办高校学生的成就感(M=3.819)明显强于就读专业层次为专科的民办高校学生(M=3.782)。

(7)年级

通过差异显著性水平检验发现,不同年级民办高校学生的成就感存在显著差异(p=0.000***<0.001)。

在不同年级学生分组比较中,民办高校大四学生的成就感(M=3.861)明显强于大四以下年级的民办高校学生,其中民办高校大二学生的成就感稍弱(M=3.795)。

(8)专业所属学科

通过差异显著性水平检验发现,不同专业所属学科的民办高校学生成就感存在显著差异(p=0.000***<0.001)。

在不同专业所属学科学生分组比较中,艺术类学科民办高校学生的成就感(M=3.899)明显强于另外几类学科民办高校学生。

(9)就读专业意向

通过差异显著性水平检验发现,不同就读专业意向的民办高校学生的成就感存在的显著差异(p=0.000***<0.001)。

在不同就读专业意向学生分组比较中,就读意向为第一志愿的民办高校学生的成就感(M=3.857)明显强于另外几类学生,其中,就读意向为其他情况的学生的成就感稍弱

（M=3.632）。

（10）学生干部

通过差异显著性水平检验发现，不同担任学生干部情况的民办高校学生的成就感存在显著差异（p=0.000***<0.001）。

在不同担任学生干部情况学生分组比较中，学生干部的成就感（M=3.867）明显强于非学生干部（M=3.746）。

（11）创业经历

通过差异显著性水平检验发现，不同创业经历的民办高校学生的成就感存在显著差异（p=0.000***<0.001）。

在不同创业经历学生分组比较中，有创业经历的民办高校学生的成就感（M=3.897）明显强于无创业经历的民办高校学生（M=3.792）。

（12）助学贷款

通过差异显著性水平检验发现，不同助学贷款情况的民办高校学生的成就感存在显著差异（p=0.000***<0.001）。

在不同助学贷款情况学生分组比较中，申请生源地助学贷款的民办高校学生的成就感（M=3.846）明显高于其他几类学生，其中，助学贷款情况为其他情况的民办高校学生的成就感稍弱（M=3.719）。

（13）兼职经历

通过差异显著性水平检验发现，不同兼职情况的民办高校学生的成就感存在显著差异（p=0.000***<0.001）。

在不同兼职情况学生分组比较中，有兼职经历的民办高校学生的成就感（M=3.844）明显强于无兼职经历的民办高校学生（M=3.771）。

3. 结论

1）非独生子女民办高校学生的成就感明显强于独生子女民办高校学生。

2）农村家庭民办高校学生的成就感明显强于城市和乡镇家庭的学生，其中，乡镇家庭的民办高校学生的成就感稍弱。

3）父母最高学历为专科或本科学历的民办高校学生的成就感明显强于父母最高学历为其他类的民办高校学生，其中，父母最高学历为研究生的民办高校学生的成就感稍弱。

4）普通民办学校（含独立学院）的学生的成就感明显强于高等职业院校的学生。

5）就读学校办学层次为本科的民办高校学生的成就感明显强于就读学校办学层次为专科/高职的民办高校学生。

6）就读本科专业的民办高校学生的成就感明显强于就读专科专业的民办高校学生。

7）民办高校大四学生的成就感明显强于大四以下年级的民办高校学生，其中，民办高校大二学生的成就感稍弱。

8）艺术类学科民办高校学生的成就感明显强于另外几类专业的民办高校学生。

9）就读意向为第一志愿的民办高校学生的成就感明显强于另外几类学生，其中，就读意向为其他情况的学生的成就感稍弱。

10）学生干部的成就感明显强于非学生干部。

11）有创业经历的民办高校学生的成就感明显强于无创业经历的民办高校学生。

12）申请生源地助学贷款的民办高校学生的成就感明显强于其他几类学生，其中，助学贷款情况为其他情况的民办高校学生的成就感稍弱。

13）有兼职经历的民办高校学生的成就感明显强于无兼职经历的民办高校学生。

（四）幸福感

1. 基本情况

幸福感是人们对自身存在状况的一种积极的情绪体验，是个体对客观现实的主观反映，具有主观性、整体性和相对稳定性。[①]

民办高校学生的幸福感较高，均值为3.976，高于获得感总均值，在获得感各维度中仅次于成就感。

2. 差异分析

（1）性别

通过差异显著性水平检验发现，不同性别民办高校学生的幸福感存在显著差异（$p=0.000***<0.001$）。

在不同性别学生分组比较中，民办高校男生的幸福感水平（$M=3.810$）明显高于女生（$M=3.785$）。

（2）家庭所在地

通过差异显著性水平检验发现，不同家庭所在地民办高校学生的幸福感存在显著差异（$p=0.000***<0.001$）。

在不同家庭所在地学生分组比较中，农村家庭民办高校学生的幸福感水平（$M=3.813$）明显高于城市和乡镇家庭学生，其中，乡镇家庭的民办高校学生幸福感稍弱（$M=3.748$）。

---

① 李焰，赵君. 幸福感研究概述［J］. 沈阳师范大学学报（社会科学版），2004（2）：22-26.

（3）父母最高学历

通过差异显著性水平检验发现，不同父母最高学历的民办高校学生的幸福感存在显著差异（$p=0.000***<0.001$）。

在父母最高学历学生分组比较中，父母最高学历为专科或本科学历的民办高校学生的幸福感水平（$M=3.815$）明显高于其他父母最高学历的民办高校学生，其中，父母最高学历为研究生的民办高校学生的幸福感水平稍低（$M=3.765$）。

（4）学校类型

通过差异显著性水平检验发现，就读不同类型学校的民办高校学生的幸福感存在显著差异（$p=0.000***<0.001$）。

在不同学校类型学生分组比较中，普通民办学校（含独立学院）学生的幸福感水平（$M=3.804$）明显高于高等职业院校的学生（$M=3.725$）。

（5）办学层次

通过差异显著性水平检验发现，不同办学层次民办高校学生的幸福感存在显著差异（$p=0.000***<0.001$）。

在不同办学层次学校学生分组比较中，就读学校的办学层次为本科的民办高校学生幸福感水平（$M=3.817$）明显高于就读学校办学层次为专科/高职的民办高校学生（$M=3.725$）。

（6）个人就读专业层次

通过差异显著性水平检验发现，不同就读专业层次民办高校学生的幸福感存在显著差异（$p=0.000***<0.001$）。

在不同就读专业层次学生分组比较中，就读专业层次为本科的民办高校学生的幸福感水平（$M=3.803$）明显高于就读专业层次为专科的民办高校学生（$M=3.784$）。

（7）年级

通过差异显著性水平检验发现，不同年级民办高校学生的幸福感存在显著差异（$p=0.000***<0.001$）。

在不同年级学生分组比较中，民办高校大四学生的幸福感水平（$M=3.870$）明显高于大四以下年级的民办高校学生，其中，其他年级民办高校学生的幸福感水平稍低（$M=3.788$）。

（8）专业所属学科

通过差异显著性水平检验发现，专业所属学科不同的民办高校学生的幸福感存在显著差异（$p=0.000***<0.001$）。

在不同专业所属学科学生分组比较中，艺术类学科民办高校学生的幸福感水平（$M=3.872$）明显高于另外几类学科民办高校学生。

（9）就读专业意向

通过差异显著性水平检验发现，不同就读意向的民办高校学生的幸福感存在显著差异（$p=0.000***<0.001$）。

在不同就读意向学生分组比较中，就读意向为第一志愿的民办高校学生的幸福感水平（$M=3.847$）明显高于另外几类学生，其中，就读意向为其他情况的学生幸福感水平稍低（$M=3.618$）。

（10）学生干部

通过差异显著性水平检验发现，不同担任学生干部情况的民办高校学生的幸福感存在显著差异（$p=0.000***<0.001$）。

在不同担任学生干部情况学生分组比较中，学生干部的幸福感水平（$M=3.865$）明显高于非学生干部（$M=3.730$）。

（11）创业经历

通过差异显著性水平检验发现，不同创业经历的民办高校学生的幸福感存在显著差异（$p=0.000***<0.001$）。

在不同创业经历学生分组比较中，有创业经历的民办高校学生的幸福感水平（$M=3.900$）明显高于无创业经历的民办高校学生（$M=3.781$）。

（12）助学贷款

通过差异显著性水平检验发现，不同助学贷款情况民办高校学生的幸福感存在显著差异（$p=0.000***<0.001$）。

在不同助学贷款情况学生分组比较中，申请国家助学贷款的民办高校学生的幸福感水平（$M=3.830$）明显高于另外几类学生，其中，助学贷款情况为其他情况的民办高校学生的幸福感水平稍低（$M=3.704$）。

（13）兼职经历

通过差异显著性水平检验发现，不同兼职情况的民办高校学生的幸福感存在显著差异（$p=0.000***<0.001$）。

在不同兼职情况学生分组比较中，有兼职经历的民办高校学生的幸福感水平（$M=3.841$）明显高于无兼职经历的民办高校学生（$M=3.755$）。

3. 结论

1）民办高校男生的幸福感水平明显高于女生。

2）家庭所在地为农村的民办高校学生的幸福感水平明显高于城市和乡镇家庭学生，其中，乡镇家庭的民办高校学生的幸福感水平稍低。

3）父母最高学历为专科或本科学历的民办高校学生的幸福感水平明显高于其他父母

最高学历的民办高校学生,其中,父母最高学历为研究生的民办高校学生的幸福感水平稍低。

4)普通民办学校(含独立学院)学生的幸福感水平明显高于高等职业院校的学生。

5)就读学校办学层次为本科的民办高校学生的幸福感水平明显高于就读学校办学层次为专科/高职的民办高校学生。

6)就读专业层次为本科的民办高校学生的幸福感水平明显高于就读专业层次为专科的民办高校学生。

7)民办高校大四学生的幸福感水平明显高于大四以下年级的民办高校学生,其中,其他年级民办高校学生的幸福感水平稍低。

8)艺术类学科民办高校学生的幸福感水平明显高于其余学科学生。

9)就读意向为第一志愿的民办高校学生的幸福感水平明显高于另外几类学生,其中,就读意向为其他情况的学生的幸福感水平稍低。

10)学生干部的幸福感水平明显高于非学生干部。

11)有创业经历的民办高校学生的幸福感明显高于无创业经历的民办高校学生。

12)申请国家助学贷款的民办高校学生的幸福感明显高于其他学生,其中,助学贷款情况为其他情况的民办高校学生的幸福感水平稍低。

13)有兼职经历的民办高校学生的幸福感明显高于无兼职经历的民办高校学生。

二、民办中小学学生获得感

在参与感、认同感、成就感和幸福感4个维度中,民办中小学学生的幸福感均值最高,为4.127;参与感均值最低,为3.845(图7-2)。

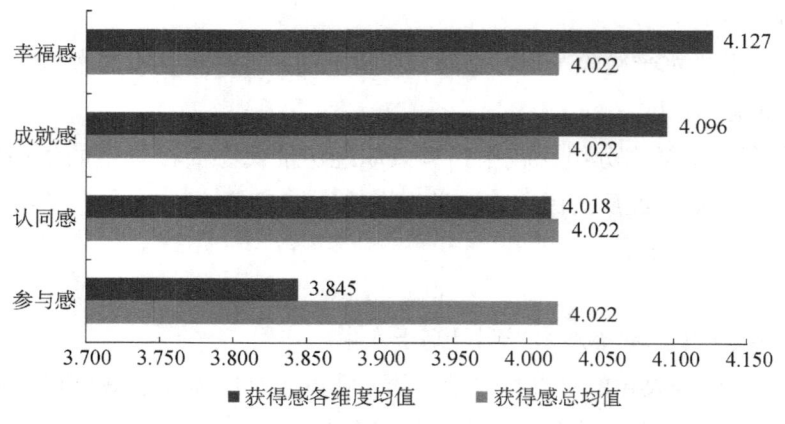

图7-2 民办中小学学生获得感各维度均值图

(一)参与感

1. 基本情况

中小学学生参与感的主体是中小学学生,参与感的来源是主动的,不是被动的,是建立在客观参与之上的主观感受,参与感是研究获得感的一个重要维度。

民办中小学学生的参与感不强,均值为3.845,在获得感各维度中均值最低。

2. 差异分析

(1) 性别

通过差异显著性水平检验发现,不同性别民办中小学学生的参与感不存在显著差异($p=0.482>0.05$)。

(2) 独生子女

通过差异显著性水平检验发现,独生子女和非独生子女民办中小学学生的参与感存在显著差异($p=0.000^{***}<0.001$)。

在独生子女和非独生子女分组比较中,独生子女民办中小学学生的参与感($M=3.885$)明显强于非独生子女民办中小学学生($M=3.833$)。

(3) 留级情况

通过差异显著性水平检验发现,不同留级情况民办中小学学生的参与感存在显著差异($p=0.000^{***}<0.001$)。

在不同留级情况学生的分组比较中,未留过级的民办中小学学生的参与感($M=3.870$)明显强于留过级的民办中小学学生($M=3.651$)。

(4) 家中书籍数量

通过差异显著性水平检验发现,不同家中书籍数量的民办中小学学生的参与感存在显著差异($p=0.000^{***}<0.001$)。

在不同家中书籍数量学生分组比较中,家中书籍很多的民办中小学学生的参与感($M=3.990$)明显强于其他家中书籍数量情况的民办中小学学生,总体上基本呈现出家中书籍越多学生的参与感越强的趋势。

(5) 父母最高学历

通过差异显著性水平检验发现,不同父母最高学历的民办中小学学生的参与感存在显著差异($p=0.000^{***}<0.001$)。

在不同父母最高学历学生分组比较中,父母最高学历为专科或本科的民办中小学学生的参与感($M=4.009$)明显强于父母为其他最高学历的民办中小学学生,其中,父母最高学历为初中及以下的民办中小学学生的参与感稍弱($M=3.753$)。

(6) 家庭经济条件

通过差异显著性水平检验发现，不同家庭经济条件的民办中小学学生的参与感存在显著差异（$p=0.000***<0.001$）。

在不同家庭经济条件学生分组比较中，家庭经济条件比较富裕的民办中小学学生的参与感（$M=4.046$）明显强于其他家庭经济条件的民办中小学学生，其中，家庭经济条件非常困难的民办中小学学生的参与感稍弱（$M=3.624$）。

3. 结论

1）独生子女民办中小学学生的参与感明显强于非独生子女民办中小学学生。

2）未留过级的民办中小学学生的参与感明显强于留过级的民办中小学学生。

3）家中书籍很多的民办中小学学生的参与感明显强于其他家中书籍数量情况的民办中小学学生，总体上基本呈现出家中书籍越多学生的参与感越强的趋势。

4）父母最高学历为专科或本科的民办中小学学生的参与感明显强于父母其他最高学历的民办中小学学生，父母最高学历为初中及以下的民办中小学学生的参与感稍弱。

5）家庭经济条件比较富裕的民办中小学学生的参与感明显强于其他家庭经济条件的民办中小学学生，家庭经济条件非常困难的民办中小学学生的参与感稍弱。

（二）认同感

1. 基本情况

中小学学生的认同感是指中小学学生对学校生活和学习的态度和行为倾向，是一种对认同程度的感受。

民办中小学学生的认同感不强，均值为4.018，略低于获得感的均值。

2. 差异分析

（1）独生子女

通过差异显著性水平检验发现，独生子女和非独生子女民办中小学学生的认同感存在显著差异（$p=0.001**<0.01$）。

在独生子女和非独生子女分组比较中，独生子女民办中小学学生的认同感（$M=4.054$）明显强于非独生子女民办中小学学生（$M=4.007$）。

（2）留级情况

通过差异显著性水平检验发现，不同留级情况的民办中小学学生的认同感存在显著差异（$p=0.000^{***}<0.001$）。

在不同留级情况学生分组比较中，未留过级的民办中小学学生的认同感（$M=4.046$）明显强于留过级的民办中小学学生（$M=3.803$）。

（3）家中书籍数量

通过差异显著性水平检验发现，不同家中书籍数量的民办中小学学生认同感存在显著差异（$p=0.000^{***}<0.001$）。

在不同家中书籍数量学生分组比较中，家中书籍很多的民办中小学学生的认同感（$M=4.169$）明显强于其他情况的学生，总体上基本呈现出书籍越多学生的认同感越强的趋势。

（4）父母最高学历

通过差异显著性水平检验发现，不同父母最高学历的民办中小学学生的认同感存在显著差异（$p=0.000^{***}<0.001$）。

在不同父母最高学历学生分组比较中，父母最高学历为专科或本科的民办中小学学生的认同感（$M=4.195$）明显强于其他父母最高学历情况的学生，其中，父母最高学历为初中及以下的民办中小学学生的认同感稍弱（$M=3.931$）。

（5）家庭经济条件

通过差异显著性水平检验发现，不同家庭经济条件的民办中小学学生的认同感存在显著差异（$p=0.000^{***}<0.001$）。

在不同家庭经济条件学生分组比较中，家庭经济条件比较富裕的民办中小学学生的认同感（$M=4.219$）明显强于其他家庭经济条件的学生，其中，家庭经济条件非常困难的民办中小学学生的认同感稍弱（$M=3.769$）。

3. 结论

1）民办中小学学生中独生子女的认同感明显强于非独生子女。

2）未留过级的民办中小学学生的认同感明显强于留过级的民办中小学学生。

3）家中书籍很多的民办中小学学生认同感明显强于其他家中书籍数量情况的学生，总体上基本呈现出家中书籍越多学生的认同感越强的趋势。

4）父母最高学历为专科或本科的民办中小学学生的认同感明显强于父母最高学历为其他情况的学生，父母最高学历为初中及以下的民办中小学学生的认同感稍弱。

5）家庭经济条件比较富裕的民办中小学学生的认同感明显强于其他家庭经济条件的学生，家庭经济条件非常困难的民办中小学学生的认同感稍弱。

（三）成就感

1. 基本情况

中小学学生的成就感主要是指中小学学生在专业知识和实践活动中取得一定收获后的愉悦感。

民办中小学学生的成就感水平较高，均值为4.096，在获得感各维度均值中占第2位，仅次于幸福感。

2. 差异分析

（1）性别

通过差异显著性水平检验发现，不同性别民办中小学学生的成就感存在显著差异（$p=0.002**<0.01$）。

在不同性别学生分组比较中，民办中小学女生的成就感水平（$M=4.116$）明显高于男生（$M=4.082$）。

（2）留级情况

通过差异显著性水平检验发现，不同留级情况的民办中小学学生的成就感存在显著差异（$p=0.000***<0.001$）。

在不同留级情况学生分组比较中，未留过级的民办中小学学生的成就感水平（$M=4.118$）明显高于留过级的民办中小学学生（$M=3.924$）。

（3）家中书籍数量

通过差异显著性水平检验发现，不同家中书籍数量的民办中小学学生的成就感存在显著差异（$p=0.000***<0.001$）。

在不同家中书籍数量学生分组比较中，家中书籍很多的民办中小学学生的成就感水平（$M=4.243$）明显高于其他家中书籍数量情况的学生，总体上基本呈现出家中书籍越多学生的成就感越强的趋势。

（4）父母最高学历

通过差异显著性水平检验发现，不同父母最高学历的民办中小学学生的成就感存在显著差异（$p=0.000***<0.001$）。

在不同父母最高学历学生分组比较中，父母最高学历为专科或本科的民办中小学学生的成就感水平（$M=4.242$）明显高于父母最高学历为其他情况的学生，其中，父母最高学历为初中及以下的民办中小学学生的成就感稍弱（$M=4.035$）。

（5）家庭经济条件

通过差异显著性水平检验发现，不同家庭经济条件的民办中小学学生的成就感存在显著差异（p=0.000***<0.001）。

在不同家庭经济条件学生分组比较中，家庭经济条件比较富裕的民办中小学学生的成就感水平（M=4.243）明显高于其他家庭经济条件的学生，其中，家庭经济条件非常困难的民办中小学学生的成就感稍弱（M=3.885）。

3. 结论

1）民办中小学女生的成就感水平明显高于男生。

2）未留过级的民办中小学学生的成就感水平明显高于留过级的民办中小学学生。

3）家中书籍很多的民办中小学学生的成就感水平明显高于其他家中书籍数量情况的学生，总体上基本呈现出家中书籍越多学生的成就感水平越高的趋势。

4）父母最高学历为专科或本科的民办中小学学生的成就感水平明显高于父母最高学历为其他情况的学生，父母最高学历为初中及以下的民办中小学学生的成就感水平稍低。

5）家庭经济条件比较富裕的民办中小学学生的成就感水平明显高于其他家庭经济条件的学生，家庭经济条件非常困难的民办中小学学生的成就感水平稍低。

（四）幸福感

1. 基本情况

中小学学生的幸福感是指中小学学生在学校学习生活中的快乐体验，包括与教师、同学之间友好交流的主观体验。

民办中小学学生的幸福感水平较高，均值为4.127，在获得感各维度均值中最高。

2. 差异分析

（1）性别

通过差异显著性水平检验发现，不同性别民办中小学学生的幸福感存在显著差异（p=0.048*<0.05）。

在不同性别学生分组比较中，民办中小学女生的幸福感水平（M=4.140）明显高于男生（M=4.118）。

（2）独生子女

通过差异显著性水平检验发现，独生子女和非独生子女民办中小学学生的幸福感存在显著差异（p=0.020*<0.05）。

在独生子女和非独生子女分组比较中，独生子女民办中小学学生的幸福感水平（M=4.150）明显高于非独生子女民办中小学学生（M=4.120）。

（3）留级情况

通过差异显著性水平检验发现，不同留级情况的民办中小学学生的幸福感存在显著差异（p=0.000***<0.001）。

在不同留级情况学生分组比较中，未留过级的民办中小学学生的幸福感水平（M=4.150）明显高于留过级的民办中小学学生（M=3.950）。

（4）家中书籍数量

通过差异显著性水平检验发现，不同家中书籍数量的民办中小学学生的幸福感存在显著差异（p=0.000***<0.001）。

在不同家中书籍数量学生分组比较中，家中书籍很多的民办中小学学生的幸福感水平（M=4.272）明显高于其他家中书籍数量情况的学生，总体上基本呈现出家中书籍越多学生的幸福感水平越高的趋势。

（5）父母最高学历

通过差异显著性水平检验发现，不同父母最高学历的民办中小学学生的幸福感存在显著差异（p=0.000***<0.001）。

在不同父母最高学历学生分组比较中，父母最高学历为专科或本科的民办中小学学生的幸福感水平（M=4.273）明显高于父母最高学历为其他情况的学生，其中，父母最高学历为初中及以下的民办中小学学生的幸福感水平稍低（M=4.066）。

（6）家庭经济条件

通过差异显著性水平检验发现，不同家庭经济条件的民办中小学学生的幸福感存在显著差异（p=0.000***<0.001）。

在不同家庭经济条件学生分组比较中，家庭经济条件比较富裕的民办中小学学生的幸福感水平（M=4.272）明显高于其他家庭经济条件的学生，其中，家庭经济条件非常困难的民办中小学学生的幸福感水平稍低（M=3.934）。

3. 结论

1）民办中小学女生的幸福感水平明显高于男生。

2）民办中小学学生中独生子女的幸福感水平明显高于非独生子女。

3）未留过级的民办中小学学生的幸福感水平明显高于留过级的学生。

4）家中书籍很多的民办中小学学生的幸福感水平明显高于其他家中书籍数量情况的民办中小学学生，总体上基本呈现出家中书籍数量越多学生的幸福感水平越高的趋势。

5）父母最高学历为专科或本科的民办中小学学生的幸福感水平明显高于父母最高学历为其他情况的学生，父母最高学历为初中及以下的民办中小学学生的幸福感水平稍低。

6）家庭经济条件比较富裕的民办中小学学生的幸福感水平明显高于其他家庭经济条件的学生，家庭经济条件非常困难的民办中小学学生的幸福感水平稍低。

参考文献

白文昊. 民办高校教师职业吸引力的贫乏与提升［J］. 黑龙江高教研究，2018，36（10）：37-41.

鲍威，王赫男. 民办高校财政资助的制度设计及其成效评估——基于倾向值匹配估计的经验研究［J］. 高校研究，2018，39（7）：46-58.

曹林. 应用型民办高校艺术设计专业史论课程定位与考核方式探究［J］. 美术大观，2018（11）：148-149.

陈文联. 举办者视阈下民办高校分类管理制度的调适与创新［J］. 中国高教研究，2018（5）：88-91.

陈岳堂，赵林. 民办高职院校多元共同治理机制研究［J］. 职教论坛，2018（7）：20-24.

董圣足. 新法新政下民办学校的使命担当及应对策略［J］. 国家教育行政学院学报，2018（9）：36-42.

董圣足. 制度创新：民办教育发展的根本动力［J］. 探索与争鸣，2018（8）：32-34.

冯建军. 分类管理：引领中国民办教育发展新征程——评《民办学校分类管理政策研究》［J］. 中国教育学刊，2018（4）：109.

高俊华，姜伯成. 分类管理改革背景下民办学校内涵式发展的困境与突围［J］. 教育与职业，2018（20）：55-59.

高远飞. 中华人民共和国成立以来民办高校政策的经验教训与未来趋势［J］. 黑龙江高教研究，2018，36（9）：59-62.

郭孔生，许长青. 以供给侧改革深入推进民办高职院校内部治理［J］. 教育与职业，2018（15）：83-90.

胡晨曦，魏聪，胡辰方，等. 分类管理背景下民办幼儿园办园意向研究——基于对全国11个省2687位民办园举办者的实证调查［J］. 教育发展研究，2018，38（8）：28-37.

胡大白. 国外政府对私立高校治理政策的经验探讨及借鉴［J］. 中国成人教育，2018（18）：107-111.

黄洪兰. 法人产权：现代民办大学制度建设的要义［J］. 黑龙江高教研究，2018（2）：1-4.

黄洪兰，柳海民. 探索营利性与非营利性民办高校分类管理——以吉林华桥外国语学院为例［J］. 高校教育管理，2018，12（4）：81-87.

黄娇，彭宇文. 新时代民办高校思想政治工作机制创新研究［J］. 思想理论教育导刊，2018（10）：156-159.

黄小灵. 新民促法下民办高校发展的着力点［J］. 教育发展研究，2018，38（7）：3.

贾旻，王迎春. 改革开放四十年我国民办职业教育的发展历程及未来展望［J］. 职教论坛，2018（11）：

61-67.

蒋丹. 人才需求下民办高校的发展与创新——评《中国民办高校企业化运作模式对公立高校管理的借鉴研究》[J]. 中国教育学刊, 2018 (9): 120.

金劲彪. 科研工作: 民办高校内涵式发展的抓手 [J]. 教育发展研究, 2018, 38 (23): 3.

景安磊, 周海涛. 民办学校教师队伍建设改革的法规保障 [J]. 教育与经济, 2018 (3): 20-23, 37.

雷军莉. 全球化时代民办院校少数民族学生高校管理的困境与出路 [J]. 贵州民族研究, 2018, 39 (7): 230-233.

李广. 分类管理体制下民办高职院校的分类发展 [J]. 教育与职业, 2018 (5): 18-22.

李江波, 周金堂, 马晓艳. 民办高校党建工作以立德树人为导向的路径研究 [J]. 思想理论教育导刊, 2018 (3): 143-146.

李立国, 鞠光宇, 王春零. 民办高校如何实现"非营利性"——以防范非公平关联方交易保证"非营利性"的制度设计 [J]. 教育发展研究, 2018, 38 (23): 15-22.

李琳, 柳倩. 流动儿童入园的政府购买服务制度设计——以上海市政府购买民办三级幼儿园服务为例 [J]. 中国教育学刊, 2018 (7): 7-11.

李虔. 论中国民办高校发展的逻辑转向 [J]. 东北师大学报 (哲学社会科学版), 2018 (4): 190-194.

李虔. 民办高校分类管理政策的可接受性研究 [J]. 现代教育管理, 2018 (9): 129.

李文章. 改革开放 40 年我国民办高校发展: 成就, 经验与展望 [J]. 黑龙江高教研究, 2018, 36 (10): 42-47.

李秀萍. 民办高校少数民族学生的思想政治教育分析 [J]. 贵州民族研究, 2018, 39 (10): 208-211.

李友仕, 高飞. 学分制下应用型民办高校推行本科生导师制初探 [J]. 教育与职业, 2018 (23): 83-88.

李圆圆, 徐兴林, 张宗元. 基于胜任力模型的民办高校辅导员职业能力提升 [J]. 教育与职业, 2018 (12): 82-87.

刘磊. 民办高校属性界定演变路径依赖与突破的博弈研究——基于1978年以来国家政策法规文本的历史制度主义分析 [J]. 中国高教研究, 2018 (7): 67-74.

刘磊. 新《民促法》背景下政府对民办园的有效治理——基于对学前教育市场功用与限度的分析 [J]. 教育科学, 2018, 34 (6): 10-18.

刘林. 关于民办学校师资队伍建设的思考 [J]. 教育与职业, 2018 (20): 53-54.

刘敏. 民办高校实习课程教学改革研究——以重庆人文科技学院为例 [J]. 西南师范大学学报 (自然科学版), 2018, 43 (1): 188-192.

刘铭华, 梅高强. 民办高校安全体系构建探究 [J]. 学校党建与思想教育, 2018 (8): 94-96.

刘爽, 赵俊芳. 治理理论视域下民办高校发展的三重困境及其路径探析 [J]. 高校教育管理, 2018, 12 (4): 88-94.

刘永林, 周海涛. 新时期民办学校办学成本的问题与对策研究 [J]. 黄河科技大学学报, 2018, 20 (5): 1-5.

罗先锋, 潘懋元. 高校混合所有制办学形式研究 [J]. 高校研究, 2018, 39 (5): 46-51.

马冠朝. 民族地区应用型民办本科高校思想政治理论课建设特点研究 [J]. 贵州民族研究, 2018, 39 (6): 222-226.

马燕霞, 许长青. 民办高校内部治理机制优化——基于广州南洋理工职业学院的案例分析 [J]. 高教探索，2018（4）：82-88.

毛建平. 民办本科院校向应用技术大学转型的机遇与挑战［J］. 黑龙江高教研究，2018（3）：58-61.

潘懋元，吴华，王文源，等. 中国民办教育四十年专题笔谈［J］. 华南师范大学学报（社会科学版），2018（6）：18-34，189.

彭宇文，陈莉. 民办高校优化法人治理结构探究［J］. 学校党建与思想教育，2018（18）：94-96.

骈茂林. 义务教育阶段非营利性民办学校的监管政策走向［J］. 中国教育学刊，2018（8）：18-22.

阙明坤. 我国民办教育区域规模差异及影响因素的实证分析［J］. 复旦教育论坛，2018，16（5）：98-106.

阙明坤，公彦霏，孙俊华. 我国民办教育区域规模差异及影响因素的实证分析［J］. 复旦教育论坛，2018，16（5）：98-106.

冉源懋，李忠毅. 民办营利性幼儿园的社会期待及制度规约［J］. 教育学术月刊，2018（9）：30-35.

申素平，贾楠. 二分格局基础上民办教育税收制度之完善［J］. 清华大学教育研究，2018，39（5）：48-53.

申政清，王一涛，董圣足. 非营利性民办高校的经费如何筹措——基于美国非营利性私立高校的比较［J］. 现代教育管理，2018（1）：115-121.

石猛. 推动民办高校混合所有制办学规范化发展［J］. 中国高校，2018（Z3）：25-26.

史明. 基于利益主体视角的民办中小学教师身份异化与职业发展困境分析［J］. 现代教育管理，2018（10）：69-74.

史少杰，周海涛. 非营利性民办高校内部治理权力制衡分析［J］. 现代教育管理，2018（1）：26-29.

眭依凡. 规范民办学校管理 促进民办教育发展——《民办学校分类管理政策研究》评介［J］. 教育研究，2018，39（3）：156-157.

孙文舒. 民办高校艺术设计类专业Photoshop课程教学研究［J］. 美术大观，2018（6）：144-145.

汤建民. 2017中国民办本科院校及独立学院科研竞争力评价研究报告［J］. 高教发展与评估，2018，34（1）：1-8，119.

唐景莉，韩晓萌. 如何做好民办高校党建工作？［J］. 中国高校，2018（6）：13-16.

王飞. 简论民办高校教师角色道德建设路径［J］. 江苏高教，2018（2）：47-49.

王静，任慧，韩娟. 中小学教师职场活力现状及应对方式的关系研究［J］. 现代中小学教育，2018，34（4）：72-76.

王明亮. 消费者食品安全自我保护行为影响因素及作用机理研究［D］. 长春：吉林大学，2018.

王世斌. "双一流"建设背景下民办高校内部治理结构改革的困境、成因与完善路径［J］. 教育与职业，2018（10）：17-23.

王纾然，何鹏程. 分类管理背景下民办教育财政扶持政策的转向［J］. 教育发展研究，2018，38（7）：16-20.

王淑清. 让教育公平与质量看得见，摸得着——来自中国民办教育协会高峰论坛的声音［J］. 中小学管理，2018（6）：38-39.

王一涛. 民办教育分类管理需要解决好五大关系［J］. 华中师范大学学报（人文社会科学版），2018，57（4）：164-171.

王一涛，金成. 民办高职院校的分类登记与可持续发展［J］. 教育与职业，2018（5）：11-17.

王一涛，王华. 民办高校党委书记的群体特征，产生渠道及政策建议 [J]. 复旦教育论坛，2018，16（1）：79-84.

王义宁，徐学绥. 民办高校教师职业发展需求研究——基于广东省的调查分析 [J]. 高教探索，2018（1）：99-105.

王兆明，胡玮，陶德胜.《中华人民共和国民办教育促进法》修订背景下江苏民办高职院校的创新发展 [J]. 教育与职业，2018（5）：23-27.

王振洪. 管理文化视域下民办高职院校教师组织承诺的提升路径 [J]. 教育研究，2018，39（1）：92-98，118.

王紫婷，张友毅，徐鹏. 民办大学创新创业人才培养体系的研究 [J]. 实验室研究与探索，2018，37（3）：180-182，187.

魏聪，王海英，胡晨曦，等. 促进普惠性民办幼儿园的非营利转向更适合中国国情 [J]. 中国教育学刊，2018（7）：12-16.

吴霓，王帅. 新时代民办教育改革发展的制度体系与重点策略 [J]. 教育研究，2018，39（6）：105-110.

肖霞，肖波. 从资本权力到学术权力：民办高校治理体制改革探讨 [J]. 教育与职业，2018（23）：78-83.

徐兴林，孙兆忠，张艳. 民办高校辅导员的自我效能感与胜任力提升 [J]. 教育与职业，2018（6）：87-91.

徐兴林，赵梅莲. 学分制下应用型民办高校人才培养方案的创新优化 [J]. 教育与职业，2018（1）：49-53.

徐绪卿. 加强顶层设计 坚定分类管理 促进健康发展——对《中华人民共和国民办教育促进法实施条例（修订草案）（送审稿）》讨论的几点思考 [J]. 国家教育行政学院学报，2018（9）：43-48.

闫丽雯，周海涛. 民办高校教师职业倦怠水平及影响因素分析 [J]. 国家教育行政学院学报，2018（2）：76-82.

余沛，高庆敏. 民办高校青年教师科研创新能力的提升 [J]. 教育与职业，2018（13）：90-92.

余雄. 关于民办院校体育文化的德育功能探究 [J]. 学校党建与思想教育，2018（14）：54-55.

余雅风. 公共性：民办学校立法分类规范的分析基础 [J]. 教育研究，2018，39（3）：103-109.

张爱华. 平衡计分卡下的民办院校绩效评价研究——以A学院为例 [J]. 会计之友，2018（22）：140-145.

张德宜，张振乾. 民办高职院校CAS学生工作模式探析——以广州城建职业学院为例 [J]. 高教探索，2018（1）：106-110.

张静. 民办高校规范化管理新趋势——评《我国民办高校的规范化管理研究》[J]. 教育发展研究，2018，38（3）：2.

张一，吴倩倩. 民办高校主流意识形态话语权的当代境遇及提升路径 [J]. 学校党建与思想教育，2018（21）：27-29.

赵丽琼，赫真真. 基于平衡计分卡的民办高中绩效评价研究 [J]. 会计之友，2018（1）：114-120.

郑雁鸣. 重庆市民办教育地方法规的需求情况调研报告 [J]. 重庆工商大学学报（社会科学版），2018，35（2）：83-90.

周海涛. 大力支持和规范民办教育 促进民办教育健康发展 [J]. 中国高校，2018（5）：49.

周海涛，景安磊. 让社会力量办学迸发出新活力 [J]. 中国高校，2018（20）：9-11.

朱灵艳，陈俊傲，陈艳. 从"链合"到"啮合"——民办高校内部治理结构转型路径[J]. 高教探索，2018（12）：97-102.

朱晓峰，高创宽. 民办高职院校科研现状调查研究[J]. 教育理论与实践，2018，38（21）：36-38.

Bandura A. Self-efficacy: Toward a unifying theory of behavioral change[J]. Psychology Review，1977，84（4）：139-151.

Baumeister R F, Vohs K D, Tice D M. The strength model of self-control[J]. Current Directions in Psychological Science，2007（16）：351-355.

Bertola G, Checchi D. Sorting and private education in Italy[M]. Education, Training and Labour Market Outcomes in Europe. Palgrave Macmillan UK，2004：69-108.

Bradford H, Guzmán A, Restrepo J M, et al. Who controls the board in non-profit organizations? The case of Private Higher Education Institutions in Colombia[J]. Higher Education，2017（1）：1-16.

Bräuninger M, Vidal J P. Private versus public financing of education and endogenous growth[J]. Journal of Population Economics，2000，13（3）：387-401.

Daniel C. Levy. Public policy for private higher education: A Global Analysis[J]. Journal of Comparative Policy Analysis Research & Practice，2011，13（4）：383-396.

Gailliot M T, Baumeister R F, De Wall C N, et al. Self-control relies on glucose as a limited energy source: Will power is more than a metaphor[J]. Journal of Personality and Social Psychology，2007，92（2）：325-336.

Geoff P, Peter D, Nick A. Should we have faith in not-for-profit providers of schooling[J]. Journal of Education Policy，2006，21（1）：19-33.

Korean Educational Development Institute（KEDI）. The yearbook of educational statistics in Korea[M]. Seoul: Korean Educational Development Institute，2017.

Mary H, Brenda L. Changing relationships between higher education and state[M]. Jessica Kingsley Publishers，1999：285.

Molly N N L. Restructuring higher education: Public-private partnership[J]. Journal of Asian Public Policy，2008（2）：188-198.

Moodie G C, Eustace R B. Power and authority in British University[J]. London: George Allen & Unwin，1974：254.

Nega M. The public-private divide in Ethiopian higher education: Issues and policy implications[J]. Universal Journal of Educational Research，2017，5（4）：591-599.

Rotter J B. Generalized expectancies for internal versus external control of reinforcement[J]. Psychological Monographs，1966，80（1）：1-28.

Salmi J. Equity and quality in private education: The Haitian paradox[J]. Compare A Journal of Comparative & International Education，2000，30（2）：163-178.

Sharma M, Gupta D, Chowhan S S, et al. Role of public-private partnership in higher education[EB/OL]. https://papers.ssrn.com/sol3/papers.cfm?abstract_id=2551391 [2018-04-15].

Vandenberghe V, Robin S. Evaluating the effectiveness of private education across countries: A Comparison of Methods[J]. Labour Economics，2004，11（4）：487-506.

附　录

民办教育研究文献述评

改革开放 40 多年以来，我国民办教育事业迅速发展，办学规模不断扩大，社会效益日益凸显。民办教育经历了恢复发展期（1978—1992 年）、快速发展期（1993—2002 年）、规范发展期（2003—2016 年）、内涵式发展期（2017 年以来）四个阶段，形成了从学前教育到高等教育、从学历教育到非学历教育，层次类型多样、充满生机活力的发展局面，有效增加了教育服务供给，为推动教育现代化、促进经济社会发展、吸引社会资本做出了积极贡献。我国民办教育从弥补财政机会不足到满足多样化需求，从"拾遗补阙"到不可或缺，呈现出坚持教育公益属性、教育资源配置灵活、制度保障体系逐步完善、重视合法权益逐渐保障、综合坚持依法改革有效推进的鲜明特征，形成了市场机制和政府管理相结合、实践探索和理论创新相结合、改革创新与依法治教相结合、先行先试和统筹协调相结合的独特经验和启示。

回顾总结 2018 年我国民办教育研究情况，有助于积累经验、正视难题，以在此基础上开创民办教育事业新局面。下文拟从民办教育的瓶颈问题和发展战略研究、民办教育的外部规范和分类管理研究、民办教育的财政扶持和服务供给研究、民办学校办学体制和治理机制研究、民办学校的师资建设和教师发展研究、民办学校的学生管理和权益保障研究、民办学校的监督管理和风险防范研究七个方面分步展开综述。

一、国内民办教育研究文献综述

（一）民办教育的瓶颈问题和发展战略研究

我国民办教育取得巨大成就的同时，民办教育的整体质量还有待提高。民办教育生源剧减背景下不公平竞争导致的生存空间日益缩小、教师流动频繁与教学质量长期难以改观、财力支撑单一与多方融资有限导致发展资金不足、模糊的身份定性使教育投资者谋求长远发展的信心不足等问题的解决都迫切需要政府、学校与社会各方面通力合作，加强对民办教育的瓶颈问题和发展战略问题的研究。

我国民办教育在经历了复兴起步、规模壮大的外延式发展阶段后，进入了内涵式发展阶段。新常态下我国民办教育发展面临六大主要瓶颈：一是外部竞争形势加剧，生源剧减背景下不公平竞争导致的生存空间日益缩小；二是分类管理政策不明，模糊的身份定性使教育投资者谋求长远发展的信心不足；三是办学自主权扩大和落实不到位，导致民办学校活力不足、办学特色不鲜明、可持续发展受到限制；四是法人属性不清、产权归属不明、治理结构不健全，导致权力运行中的出资人（举办者）控制、以校长为核心的管理团队职权不明晰、缺少利益相关者参与以及内外监督机制缺失；五是办学经费不足，财力支撑单一与多方融资有限导致民办学校基本设施投入缺口增大，师资培训经费欠缺，教学质量提升受限；六是教师合法权益保障不够，教师社会地位不高、身份编制不明、待遇保障不足、队伍稳定性不够、组织认同感不强。

下一阶段，我国民办教育的发展重心是扭转"大而不强，多而不优"的弱势格局，加快从低层次向高水平发展转变。一是增强民办教育的质量意识、责任意识、竞争意识和危机意识，把发展重点从过去的"数量+规模"转向现在的"质量+内涵"，由"综合性、学术型、同质化"的定位向"地方性、应用型、特色化"转变。二是完善外部管理制度，重视加强政府层面的简政放权和学校层面的权力落实，打破造成公、民办学校不平等的体制机制障碍，清理纠正教育、财政、税收、金融、土地、社会保障等方面的各类歧视性政策。三是改进内部治理结构，以构建现代民办学校制度为目标，把理顺内部关系、完善内部管理体制和运行机制、激发各利益相关者的积极性作为重中之重，完善理（董）事会决策机制和校长负责制，建立利益相关者共治机制，健全监事会等内部监督制约机制，力促民办学校内部治理由"集权管理"向"依法治校"转变。四是拓宽经费来源渠道，实施"共同而有区别"的分类扶持政策，营造分类筹资的制度环境，拆除隐形门槛以吸引各类资本进入教育领域。

（二）民办教育的外部规范和分类管理研究

在分类管理的框架下，我国民办教育政策正朝"规范与扶持"转向，民办教育政策文本得以不断充实与完善、政策内容赋予和加强了民办教育的合法性、政策实施引导和规范了民办教育实践。未来民办教育的外部规范和分类管理，需要妥善处理好历史遗留和现实改革、政府支持和监督规范、教育公益性和资本逐利性以及加强外部规范和完善内部治理等之间的关系。

民办学校是以市场为背景的，而市场自身所固有的"短期效应"、自由无序、无政府状态等局限，通常会导致"市场失灵"。我国当前民办教育规范管理仍存在一些问题，包括政策内容不明确、政策主体中政府角色定位不恰当、政策执行效果不理想和政策模型转变缓慢等。一是民办教育发展缺乏统筹规划、综合协调和宏观管理的机制，民办学校会计制度、产权制度、合理回报制度、税收政策、法人制度还不完善，政策具有一定的滞后性。二是政府对民办教育重监管、轻扶持，对民办教育管理手段单一、监管力度有限，对违法、违规办学行为执法不力，不能及时应对民办教育暴露的新问题。三是营利性民办高校与非营利性民办高校的制度区别规定不详细，地方贯彻落实新法新政不平衡，分类管理改革的推进存在较为明显的"碎片化"问题，分类登记过渡期设置、营利性与非营利性属性转换、非营利性民办学校能否取得事业法人身份、现有民办学校清产核资费用负担和资产过户税费征缴、如何奖励或补偿非营利性民办学校举办者、学校转设前后债权债务衔接、非营利性民办学校生均经费补贴额度等问题有待厘清。

为了弥补"市场失灵"，保持教育公益性，政府作为公众利益代表对民办教育进行规范管理是非常必要的，包括提供机会、提升质量、促进公平、改善效率、促进社会凝聚力以及满足消费者需求等。一是从法律政策法规上营造民办教育发展的良好环境，纠正清理教育、财政、税收、金融、土地、建设、社会保障等方面不利于民办教育发展的各类歧视性政策，采取精细化的政策供给方式稳妥推进放管服、分类管理等改革，实现从政策治校到依法治校、直接干预到间接调控的转变。二是落实民办学校办学自主权，强化健全内部治理、凸显行业自律的内涵建设，通过框定管理边界、降低管理成本、转变管理方式、提高管理效率激发创新能力与办学活力。三是完善非营利与营利性学校分类管理，建立平等但不平均的体制机制，实施"共同但有区别"的管理体系，通过细化分类登记规定、填补转型政策空白和完善学校治理体制等方式，强化分类管理改革执行的系统性，提高分类管理改革结果的实效性。

（三）民办教育的财政扶持和服务供给研究

政府对民办学校提供相应的扶持和服务，特别是对非营利民办学校进行公共财政资助，意味着国家对民办教育承担了应有的责任，同时也说明国家站在整个教育发展战略的高度一视同仁地对待公办教育和民办教育。我国民办学校的筹资渠道主要依赖于学费，在捐赠尚不能成为民办学校主要经费来源之一的情况下，依靠政府的财政等扶持和服务来解决民办学校资金紧缺等问题，已成为促进民办教育健康可持续发展的重要措施。

我国对民办教育财政扶持和服务供给方面的不足主要包括：一是政府补贴和奖励的区分度和操作性有待加强，针对两类民办院校的补贴和奖励区分度不够，政府资助政策的操作细则有待完善；二是政府购买服务没有区分不同类型民办学校的购买标准和程序，营利和非营利性民办学校的税收政策、准入标准和程序应有所区别；三是政府助学贷款精细化不够，可贷额度无法满足民办学校学生的合理需求，针对呆账坏账等还贷问题的细化方案不足；四是政府已有税收政策存在难以落实或落实不力等问题，与捐赠相关的税收优惠政策有待健全；五是土地优惠政策执行不到位，公办、民办学校在土地征用优惠上获得优惠机会存在较大差别，政府对民办学校建设用地优惠政策的可为空间依然较大。

政府对民办教育扶持和服务，需要凝聚以支持引导规范、以规范争得支持的分类改革共识，明确分类扶持主体，区分分类扶持对象，对两类民办高校实施"共同而有区别"的扶持政策。政府对民办学校的扶持主要涉及补贴和奖励、购买服务、助学贷款、税收优惠、土地优惠五个方面：一是制定差别化扶持政策，对非营利性民办教育主要实行财政补贴等直接扶持的方式，对营利性民办教育主要实行税收优惠等间接扶持的方式；二是完善政府购买民办教育服务制度，对不同类型、不同办学层次的民办学校实行相应的教育服务购买政策；三是健全民办学校的助学贷款政策，落实同等资助待遇，两类民办学校都应与公办学校同等对待；四是完善民办学校分类税收优惠政策，提倡非营利性民办学校与公办学校享有同等的税收优惠，营利性民办学校所交税收应低于企业；五是实行两类民办学校差别化用地政策，非营利性学校按划拨方式供应土地。

（四）民办学校办学体制和治理机制研究

在民办教育发展过程中，办学体制是一个十分重要的问题。我国民办教育在快速发展的同时，也存在着诸多不容忽视的办学体制和运行机制问题，如产权不清晰、法人治理结构不完善、教育管理不规范、教育质量不高、教育特色不明显等。建立现代学校管理制度，完善法人治理结构，深化内部管理体制改革，努力提高学校办学质量和社会声誉，是当前民办教育改革的重要内容之一。

办学体制是我国民办学校发展中的薄弱环节，表现在民办学校"是什么"的法人属性不清、民办学校"归谁所有"的产权制度不明、举办者和利益相关者"做什么"的权责利关系不顺以及管理者"管什么"的角色定位不细。一是法人和产权属性不清，法人属性不清造成公办学校和民办学校在法规、政策及事实上的诸多不平等，产权归属不明、性质不清、关系混乱，必然造成民办学校资产的流失，挫伤办学者的积极性。二是民办学校权力运行中的出资人或举办者控制、以校长为核心的管理团队职权不明晰、缺少利益相关者参与及内外监督机制缺失等法人治理结构上的突出问题，使得民办学校容易陷入家族化治理、校长权力集中化、董事会权力过于膨胀、内部权力冲突频现、缺少共治动力等困境。三是当下民办学校出现民主决策机制失范、政策预期性与人员变动率的耦合、组织功能发挥效能不足等困境，同时分类管理的实施暴露出民办学校制度供给滞后、治理体制固化、办学者"政策性恐慌"与"保守性退出"等问题。

民办学校办学体制机制是影响民办学校核心竞争力形成的关键要素，建立自我办学、自我管理、自我制约和自我发展的管理机制，则是民办教育管理的终极目标。一是明晰民办学校的法人属性，改进民办学校尤其是非营利性民办学校的内部法人治理结构。二是优化民办学校产权属性，健全民办学校产权管理，在补偿和奖励、举办者变更和关联交易等问题上合法承认并保护举办者的产权诉求，将是否有利于吸引更多社会资金进入民办教育作为判断法人治理结构改革成败的重要标志。三是完善现代民办学校制度，构建起决策、行政与政治保障三大权力之间的制衡关系，健全内部决策机制，改进学术组织建设，优化利益相关者共同治理机制，加强社会参与和外部监督机制。四是积极推进分类管理，遵循法定性与自愿性相结合、合规性与探索性相结合、求稳性与促变性相结合原则，政府主导与市场配置有效结合、行政机关与中介组织良性互动、中央政府与地方政府协调联动。

（五）民办学校的师资建设和教师发展研究

落实民办学校教师与公办学校教师的同等法律地位、构建民办学校教师的权益保障机制、稳定民办学校教师队伍，一直是民办学校发展的重中之重。民办学校出于自身建校时间短和教学资源紧缺等消极原因，为了加速发展，往往将精力和资源集中在基础设施建设等方面，而对于师资队伍建设关注不够，导致无法形成合理的教师梯队。如果不加以优化，就会制约民办学校提高教学质量和培养人才目标的实现。

近年来，虽然民办学校教师发展取得了新进展，但民办学校教师发展和师资队伍建设也暴露出了一系列瓶颈问题，民办学校普遍存在教师整体素质偏低、师资结构不合理、教师队伍不稳定、合理流动机制不健全等瓶颈，教师社会地位不高、身份编制不清、职称评聘不畅、待遇保障不足、参与管理不够等问题，也影响着师资队伍建设。一是教师的专兼职结构、职称结构、学历结构和年龄结构等失衡问题依然分组比较严重，专职教师比例较小，年龄和职称结构呈现出了"两头大，中间小"的状况。二是教师综合素质相较公办学校来看还有很大的提升空间，教师整体学历偏低，有经验和接受过专业培训的教师缺乏，教师培训和继续教育制度也并不完善。三是教师队伍不稳定、教师单向流动仍是制约民办学校发展的"老大难"问题，亟需建立合理的教师流动机制保障教师队伍的稳定性。四是教师权益保障机制仍不完善，存在着社会地位不高、待遇保障不足、职称评聘不畅、发展空间受限、参与管理不够等问题，直接影响了民办学校教师的归属感、满足感和获得感。

破解师资队伍建设的困境，需要政府和民办学校为教师尤其是专职教师创造更好的条件和更大的成长空间，在促进教师专业发展的视域下不断创新。一是明确政府支持和管理职责，建立两类学校教师发展及队伍建设的不同政策选择和体制机制，健全民办学校教师人事代理制度、财政支持制度、社会保障制度、权益救济制度，以及良好的教师发展机制、合理的职称评审机制、有序的教师流动机制。二是落实学校主体责任，优化教师聘任标准、提高教师薪酬待遇、搭建教师发展平台、优化教师成长环境，做到事业留人、待遇留人、情感留人、环境留人和管理留人。三是行业组织提供专业服务，发挥第三方组织职能，加强教师专业发展引导，切实保障教师的合法权益，提高民办学校教师社会地位，增强教师职业荣誉感。

（六）民办学校的学生管理和权益保障研究

随着民办教育新法新政的落实落地，民办学校学生发展及权益保障受到广泛关注，如何切实维护学生合法权益、实现学生全面发展，成为民办教育改革的重要议题。

由于我国高校类型和层次的多样性、高考制度的筛选性、民办学校的特殊性等原因，民办学校学生暴露出了发展水平不一、发展空间不足、合法权益受损等问题。一是在培养模式方面，民办学校对人才培养规格的研究还不够，热衷于照搬公办学校的办学与人才培养模式，在培养途径、教学模式、培养方法等方面未能形成自身的特色。二是在学生管理方面，民办学校学生管理面临着学生群体日趋复杂化、思想政治教育不到位等多重挑战，部分学生存在理想目标不明、法制观念淡薄等问题。三是在学生发展方面，民办学校学生的学习、思想和心理健康状况有待改善，部分学生普遍存在学习分组比较被动、学习的功利性强、学习态度消极被动、学习方法单一落后、学习能力仍停留在较低层次等问题。四是在平等权益方面，学生合法权益受限较多，无法享受与公办学校学生同等额度的助学贷款、奖助学金等国家资助政策，社会上的直接或变相歧视也仍是制约民办学校学生就业的重要壁垒。

民办学校学生在持续发展、政策优待、权益保障和社会地位等方面存在诸多瓶颈，迫切需要各方落实法规政策要求，使民办学校学生得到全面发展、合法权益得到切实保障。一是优化培养模式，通过构建多主体参与的人才培养模式、建立多层次动态化的项目课程体系、进行多样化的人才培养过程设计、构建多元化人才培养质量评价机制等举措，进一步提高人才培养质量。二是健全学生管理，树立全新的学生教育管理理念，创新学生教育管理工作方法和手段，形成全员育人的教育合力。三是优化学生发展，以社会需求为导向，以培养模式为核心，以知识应用为远景，以创新能力为目标，注重知识、能力、素质协调发展，走"应用性、职业型、开放式"的路子。四是强化权益保护，加快配套法规建设和地方立法进程，构建民办学校学生权益的法律保障机制，使民办学校学生在入学、升学、转学、学籍、学习、表彰及国家经费补助等方面享受与公办学校学生同等待遇。

（七）民办学校的监督管理和风险防范研究

随着我国民办教育进入内涵式发展阶段，一些民办学校遭遇办学风险，例如错失"上规模"时机、地理位置不合理、领导层素质不足、财务运行不善、内部管理不佳等。这些风险交织叠加，对民办学校构成了较大影响。分析民办学校面临的风险，建立科学的风险防范和监管机制，是促进民办教育健康发展的关键所在。

和公办学校相比，民办学校诞生于市场的环境之中，经费、师资、生源都受到市场的影响和制约。民办学校办学风险主要涉及以下几个方面。一是质量风险。如何科学定位学校发展、正确选择发展路径、强化学校内涵建设、提升办学质量就成为当前和今后民办学校风险防控的重点。二是政策风险。各地法规和政策制定和落实的情况并不乐观，面临分类管理新旧政策的冲突调适、平稳过渡以及各方主体的利益平衡等诸多难题。三是市场风险。民办教育在社会认知、政策环境、制度支持等方面与公办学校存在实质不平等，导致公办、民办学校在生源市场、就业市场、社会认可等方面存在较大差距。四是治理风险。法人结构不清使治理权责混杂，行政职权不明导致管理层面内部冲突，利益相关者参与度不高致使缺少治理动力，内外部监管不力致使治理存在监管盲区。五是财务风险。民办学校难以像公办学校一样在土地、财政、生均拨款等方面享受优惠政策，加之融资渠道不通畅、社会捐赠机制不健全、学费收入不稳定、学校财务管理不规范，财务问题成为制约民办教育发展的主要瓶颈。

实现民办学校风险治理的范式转型，要从内涵和外延上建立纵横结合的新型风险治理范式，强化监管主体建设，构建风险防范体制。一是坚持事前与事后相结合，健全对民办学校的分类监管，优化事前事中监管和事后惩罚，在内容上完善对政策法规执行和财政资助使用效果的监管，在方式上更多采用基于标准的专业监管工具并发挥第三方机构作用，在结果使用上更充分地公开并接受公众监督。二是坚持输血与造血相结合，完善民办学校外部风险防范制度,提高民办学校内部风险防范意识和风险防范能力。三是坚持管控与引导相结合,完善民办学校风险管控和风险防范引导,健全民办学校风险分割和防范预警制度,在政府风险管理干预的"强制性"和民办学校风险治理的"自治性"之间找到平衡。

二、后续研究建议

概览 2018 年国内民办教育问题的研究,已取得相当丰硕的研究成果,尤其在明晰法人属性、明确产权权益、实行分类管理等方面;同时对现有成果的立足点和研究方法应持辩证的态度,既应看到研究者的进步之处,也应看到当前研究的亟需深化之处。

（一）政策分组比较研究有待加强

政策是发展民办教育的关键因素,民办学校诸多问题的根源在于其历史发展形式,但是解决这一问题的关键在于顶层法律制度的健全,这就决定了民办教育对政策支持和法律法规保障的依赖。为此,无论是民办教育的发展轨迹研究还是教育决策咨询研究,民办教育政策研究都非常必要,特别是目前我国民办教育正处于先试先行、以点带面的、阶段,各个地方的民办教育发展水平差异较大,政府扶持力度和政策保障水平参差不齐。通过对民办教育的政策分组比较研究,特别是各省基于新法新政基础上的民办教育政策分组比较分析,不仅有助于研究者对民办教育形成更加深入系统的认识,也可以为地方决策者提供决策参考。未来民办教育研究应立足健全制度法规,通过学习国外有益经验,结合国情加以借鉴与吸收,创造出适应我国发展的制度框架。

（二）实证性研究有待丰富

研究者的研究方法较为同一,主要为基于他人研究之上的理论研究,涉及实地调研、数据采集与分析的较少。在涉及概念界定、产权归属方面,现有的研究大多思辨说理的成分较高,偏规范轻实证,缺乏有力的实证性研究论证。在具体方法上,使用文献研究的居多,使用案例法、调查研究法的偏少。一方面,对民办教育问题要从法学、经济学、教育学以及哲学等更多视角加以研究,注重多重方法的结合,以更全面、更适用的理论作为研究的立足点;另一方面,未来研究应重视实证研究方法的应用与规范研究方法的有机结合,加大对民办教育的实证研究,深入民办学校多调研、多考察、多采集数据,用科学数据和真实案例佐证民办教育存在的实际问题,增强研究的科学性。

（三）引领性研究有待强化

新时代，中国民办教育研究要不断提高理论影响力，以理论研究引领中国民办教育政策和实践，不断将中国特色社会主义民办教育理论研究和实践探索向前推进。一方面，理论研究要强化服务国家重大战略的使命，为国家相关发展战略的制定和实施提供理论支撑，以理论研究增强政策的系统性和科学性，善于将理论成果转换为教育政策和改革实践，开展政策研究，参与民办教育决策，增强理论研究的咨政能力；另一方面，理论研究在积极宣传解读政策、评估政策效果、正确引导社会舆论的同时，应更加关注民办教育改革实践中的重大理论和现实问题，在理论的指导下分析实践问题，强化理论研究的实践引领作用。

后 记

《中国民办教育发展报告 2018》聚焦我国民办学校发展概况，尤其是学生和教师发展情况，连续出版八年来，逐步形成中国民办教育师生发展数据库。在总结 2012—2017 年《中国民办教育发展报告》的编撰经验基础上，北京师范大学民办教育研究团队持续调整发展报告撰写的思路和框架，积极梳理、收集和积累数据，经过多位教师、学生近一年的努力，于 2019 年上半年完成《中国民办教育发展报告 2018》的分析和编撰工作。

本报告立足于分类管理新局势和内涵式发展新要求，着眼于民办学校师生发展所面临的热点、难点问题，集中探讨了民办学校师生发展水平及优化路径。本报告坚持改革导向、问题导向、政策导向，在研究方法上着重突出实证研究，既有全国和跨省域性质的大范围调研，又有集中于学校层面的教师发展、学生培养等微观层次的考查。在分析方法上着重突出规范和客观原则，以图表相结合的方式呈现各群体发展基本情况及差异性比较，为进一步推进民办教育内涵式发展、特色化发展提供理论依据和实践参考。

《中国民办教育发展报告 2018》是研究团队共同劳动和集体智慧的结晶。全报告具体分工为：周海涛负责全报告的结构和框架，提出报告的研究思路和大纲框架，主持审稿、统稿和定稿工作。前言、第一章由郑淑超、周海涛撰写；第二章由郑淑超撰写；第三章由张墨涵撰写；第四章由张墨涵、郑淑超撰写；第五章由吴丽朦撰写；第六章由廖苑伶撰写；第七章由王倩撰写；附录由朱玉成撰写。对于量化数据的分析与图表绘制工作，第一章、第四章由郑淑超完成，第二章、第七章由王倩完成，第三章、第五章由吴丽朦完成，第六章由王倩、吴丽朦完成。全报告由周海涛、钟秉林进行多轮调整并完成统稿，张墨涵、郑淑超、廖苑伶、王倩、吴丽朦等参与修订工作，景安磊、刘永林、闫丽雯、胡万山、梁晶晶、李彤、徐珊、马艳丽等参与前期数据和访谈资料收集整理。

本报告研究得到教育部发展规划司特别是民办教育管理处的一贯指导和大力支持，获得北京师范大学的科研经费支持。科学出版社高度重视该项工作，组织精干力量，高质量地完成本书的出版。在研究过程中，北京师范大学和教育学部的领导、专家给予了大量帮助和指导。在调查过程中，各省协调人承担了推进、督促、监管工作。同时，本报告借鉴了许多同行专家的精到见解和宝贵意见，吸收了部分省市民办教育改革和发展的创新成果。再次向本报告所有的支持者，向参与本报告编写的同仁，以及对本报告给予帮助和指导的领导、专家致以衷心感谢！

由于时间和水平有限，报告中难免存在疏漏与不足之处，恳请广大读者予以批评指正。

周海涛　钟秉林

2019 年 7 月